일이란 무엇인가

오직 일로 성공하고자 하는
사람들을 위한 질문

일

이란 무엇인가

고동진

민음사

일러두기

삼성 스마트폰의 공식 모델명은 Galaxy S, Galaxy S10 등이나

가독성을 위해 본문에서는 갤럭시 S, 갤럭시 S10 등 우리말로 표기했습니다.

프롤로그

오직 일로 성공하고자 하는 당신에게

2022년 3월이었습니다. 마지막 주주총회를 끝으로 저의 38년 삼성 생활은 마무리되었습니다. 1984년 평사원으로 입사한 이래 제 삶은 매 순간이 시속 200~300킬로미터로 달리는 자동차 같았습니다. 그런데 주주총회를 기점으로 삶의 속도가 느리게 바뀌었습니다. 돌아볼 여유도 멈출 여지도 없는 주행 상태를 수십 년간 유지하다가, 갑자기 60~70킬로미터도 안 되는 속도로 생활이 흘러가니 균형 잡기가 어려울 지경이었죠.

선배들도 그러했겠지만 저 역시 바뀐 생활 패턴에 적응하지 못했습니다. 밤잠도 설치고 새벽까지 잠들지 못하는 날이 늘어났지요. 더불어 "어떻게?", "왜?"라는 질문을 스스로에게 던지는 시간이 많아졌습니다. "아주 평범한 내가 삼성전자의 대표이사를 할 수 있었던 이유가 무엇일까?"라는 자문 뒤에 떠오른 것은 최근까지도 제게 여러 조언을 구하던 후배들의 다양한 질문들이었습니다.

삼성전자 사장으로 재직하던 2019년 초, 조직 문화를 바꿔보고 싶은 마음에 매달 1~2회 사내 메일을 보내기 시작했습니다. 또 2021년부터는 삼성에 막 입사한 신입 사원들과 점심을 함께하며 대화하는 시간을 가졌습니다. 식사 후에는 그들이 준비해온 질문을 듣고 대답을 해주기도 했지요. 삼성의 미래를 가꾸어나갈 인재들의 생각과 고민에 대한 의견을 전해주는 것이 제가 해야 할 몫이라고 여긴 까닭입니다.

그렇게 매주 나눈 이야기들이 쌓여갔습니다. 질문들은 다양했습니다. 때로는 깊이 있는 질문에 감탄하기도 했고, 때로는 안타깝기도 했습니다. 기초적인 부분조차 알 방도가 없어 질문해야 한다는 사실이 안타깝고, 그들에게 답을 주는 선배가 많지 않다는 점이 속상하기도 했습니다. 한편으로는 제가 대답을 해줄 수 있다는 사실에 감사했지요.

이 책은 지난 38년간의 조직 생활에서 제가 고민하고 실천했던 경험과 나름의 노하우를 나누고자 썼습니다. 동시에 지난 몇 년간 후배들에게 받았던 질문들에 대한 대답이기도 합니다. 혹 제 이야기가 '세대 차이에 의한 다름과 낡음'으로 받아들여지지 않을까 고민했지만 굳이 각색하지는 않았습니다. 그 시대를 겪은 사람으로서 솔직하게 전달하는 것이 옳다고 생각했기 때문입니다. 지금의 세대가 입맛에 맞는 이야기만 골라 듣지 않으리라는 믿음, 온고지신과 취사선택이 가능한 지혜를 갖고 있다는 믿음도 있었지요.

일이란 무엇인가

본격적인 이야기를 시작하기에 앞서 한 가지 질문을 던져보고자 합니다.

당신에게 일이란 무엇인가요?

누군가에게 일이란 그저 먹고살기 위한 방편일 것이고, 또 누군가에겐 성장과 성공을 위한 도구일 겁니다. 각자에 따라 일의 정의는 다르겠지요. 정답은 없습니다. 자기만의 답을 찾아 그 답을 품고 나아가면 되지요. 저의 경우 일은 성공을 위한 길이자 그 자체로 목표였습니다.

저는 삼성전자 무선사업부(현 MX^{mobile experience} 사업부)장 시절 임직원들과 함께 갤럭시 S7을 시작으로 갤럭시 노트 시리즈와 갤럭시 S10까지의 출시와 흥행에 힘을 보탰습니다. 또한 삼성 페이와 보안 솔루션인 삼성 녹스, 그리고 빅스비 개발을 지원하기도 했습니다. 이제 와서 보니 나름 이룬 것들이 꽤 됩니다만, 사실 저는 참 가진 것이 없는 사람이었습니다. 소위 SKY를 나오지도 못했고, 어려운 집안 형편으로 학교 졸업과 동시에 직장 생활을 결정했습니다.

삼성에 입사한 순간부터 제 부족함을 깨달았습니다. 정말 가진 게 없어도 이렇게까지 없어도 되나 싶었죠. 제가 가진 것은 건강한 신체, 부모님께 물려받은 성격, 그리고 약간의 배려심 정도가 전부였습니다. 입사 후 6~7년간은 월급을 타면 쌀 한 가마와 연탄을 사고서 기뻐하곤 했습니다. 그때마다 '언젠가 꼭 이 부족함을 이겨내겠다.'라는 결심을 다졌지요. 이는 중학생 때 마음먹은 '내 나이 마흔이 되면 점심때 언제든 불고기 백반을 먹을 수 있는 사람이 되겠다.'라는 목표의 연장선상이었다고 할 수 있습니다.

이후 결혼을 하면서 "50대 이후에는 적어도 금전 걱정 없이 살게 해주겠다."라는 아내와의 약속을 지키기 위해 오롯이 회사 일에만 전념했습니다. 경제적 안정을 위해 주식이나 부동산에 투자한 적도 없습니다. 대리 시절 슬쩍 눈을 돌렸다가 모조리 잃은 후에는 그쪽으로는 아예 관심을 기울이지 않았습니다. 물론 할 돈도 없었습니다. 지금의 모든 재산은 오직 삼성에서 받은 급여와 보너스로만 모은 것입니다.

저는 입사 초부터 '사장'이 목표였습니다. 가진 것 없는 제가 성공할 수 있는 비결은 '일'뿐이었고, 저는 오직 일로 성공하고 싶었습니다. 가장 높은 자리인 사장이 목표인 것은 당연한 일이었지요. 물론 '사장'이라는 목표가 왠지 멀게 느껴지는 사람도 있을 겁니다. 다른 목표를 세우고픈 사람도 있을 테고요. 일로 성공한다는 것이 높은 자리에 오르는 것이란 말은 아닙니다. 각자 자기 자리에서 자신이 바라는 바, 도달하고자 하는 지점을 명확히 하고, 이를 흔들림 없이 추구하는 것이 중요하다는 이야기를 하고 싶은 겁니다.

"위기는 기회의 다른 이름"이라는 뻔한 말

2015년 저는 마침내 사장에 올랐습니다. 물론 그 과정은 결코 쉽지 않았지요. 2006년 왼쪽 귀의 청력을 잃으며 일을 넘어 삶에서 가장 큰 고비와 맞닥뜨렸습니다. 무엇보다 2016년 '갤럭시 노트7' 단종 사태는 그간의 노력을 뒤흔든 일생일대의 위기였습니다. 하지만 무수한 위기는 또한 무수한 기회이기도 했습니다.

"위기는 기회의 다른 이름"이라는 말, 참 뻔하게 들립니다. 그만큼 많이 들었기 때문일 테지요. 하지만 달리 생각해보면 어떨까요? 그렇게 많은 사람들이 그토록 자주 이 말을 강조한 이유는 그만큼 중요하기 때문이라는 생각이 듭니다. 저는 뭔가 포기하고 싶을 때면 제 이름 석 자를 끊임없이 되뇌면서 스스로에게 묻곤 했습니다.

"고동진, 여기에서 그만둘 거야? 후회 안 할 자신 있어? 너 진짜 여기까지야?"

저는 결정을 내리면 뒤를 돌아보지 않습니다. 결심하는 순간 바로 '직진'입니다. 만약 어떤 사정에 의해 삼성을 그만두었다 해도 아마 후회하지는 않았을 겁니다. 그 순간에 그것을 선택한 이유가 있었을 테니까요. 하지만 결과적으로는 청력을 잃고 아내에게 퇴사 권유를 받고도 계속 가보겠다 한 선택이 맞았습니다. 어쨌든 그 이후 17년을 더 일했으니 말입니다.(노트 단종 사태에 대한 이야기는 본문에서 더 하도록 하겠습니다.)

대표이사에서 물러나 고문이 된 후에도 제 이름을 부르며 물어봤습니다. 앞으로 뭘 하고 싶은지, 어떤 게 중요하다고 생각하는지 말이죠.

그러자 제 안에서 답이 나왔습니다. 제가 가장 무서워하는 존재, 즉 후배들을 위해 뭔가를 해야겠다는 생각이 들었습니다. 삼성에는 우수한 직원들이 정말 많습니다. 후배들이지만 저보다 몇 배 더 훌륭하고 나은 사람들이 수두룩합니다. 그래서 저는 늘 겸손하게 그들의 얘기를 들을 수밖에 없었습니다. 그들의 말에 귀 기울여야 최신의 것, 대중이 원하는 것, 새로운 것을 접하고 배울 수 있는 기회가 열리기 때문이었지요. 그들 모두가 제게는 스승이었습니다.

사내 소통망에 답글을 달기 시작한 이유도 여기에 있습니다. 그들이 무슨 생각을 하고 무엇을 궁금해하는지 알아야 대화할 거리가 생기지 않겠습니까. 그렇게 온라인상에서 이야기를 나누다 보니 바로 아래 후배뿐 아니라 신입 사원들과도 소통할 기회가 만들어졌습니다. 운신이 좀 가벼워진 시기이니 직접 만나보자는 생각이 들었습니다. 1년여간 주 1~2회, 신입 사원들과 얘기를 나누는 간담회를 진행했습니다. 별도로 저를 만나길 원하는 후배들과는 따로 자리를 마련해, 제 경험을 토대로 조언해주었습니다.

이 책은 그때의 질문과 답을 기록해둔 내용을 바탕으로 정리한 것입니다. 개인적인 질문은 배제하고 시간상 짧게 대답한 것들은 내용을 좀 더 보완했습니다. 사실 처음부터 책으로 엮을 생각은 없었습니다. 하지만 2022년 8월 미국 출장을 가면서 그간 인사팀이 정리해준 요약본을 읽다 보니 문득 이런 생각이 들었습니다. '직장 생활을 하면서 후배들에게 해주었던 다양한 이야기들을 책으로 정리해보면 어떨까.' 다른 직장인들도 대부분 비슷한 고민들을 갖고 있지 않을까 하는 생각이었습니다.

사실 긴장됩니다. 삼성에 들어온 친구들은 저를 압니다. 뭘 했던 사람인지 등을 알고 있으니 제 말에 귀를 기울일 수 있었겠지요. 그렇지 않은 사람들에게도 과연 제 얘기가 잘 전달될 수 있을까 하는 걱정이 있습니다. 그럼에도 출간을 결심한 이유는 직장 생활을 하는 사람들의 성공을 돕는 어드바이저 코치로서 다양한 시도를 하며 제2의 인생을 보낼 생각을 품고 있기 때문입니다.

창업가도 있고 개인 사업자도 있는데 유달리 직장인에게 애정을 쏟는 이유는 그들이 개인, 회사, 더 나아가 국가 경제에 얼마나 소중한 사람인지를 모르는 경우가 많아서입니다. 직장인은 '회사 노예', '월급 노예' 같은 단어들로 폄하될 대상이 아닙니다. 성실성과 꾸준함을 바탕으로 최선을 다해 살아가는 멋진 사람, 존경받아 마땅한 사람들입니다. 저는 이런 후배들이 건강한 직업인으로 30~40년을 살아갈 수 있게 도와주는 선배가 되고 싶습니다. 그런 희망과 생각들이 요즘 제 머리를 맑게 만듭니다. 결과가 어떨지는 모르지만 뭔가를 해보겠다 마음먹고, 이렇게 첫 시도를 하고 있는 것 자체가 현재 직장인 저에게 큰 힘이 됩니다.

일을 버티게 하는 힘

제 경험을 말하면서 조금 아쉬운 부분은 제가 한 직장에만 쭉 있었다는 것이고, 또한 당당한 부분 역시 한 직장에서 계속 일했다는 것입니다. 한 직장에만 있었기에 경험의 폭이 작게 보일 수도 있지만, 한 직장에만 있었기에 경험의 깊이가 깊으리라 생각됩니다.

저는 아버지에게 근면성과 성실함의 유전자를 받았습니다. 어머니에게는 지혜와 배려심을 물려받았고요. 두 분은 정말 좋은 분들이었습니다. 아버지가 큰소리를 낸 건 제가 초등학생이던 시절, 옆집의 증축으로 집이 어두워지는 걸 항의했을 때뿐입니다. 유일하게 제가 들은 큰소리도 가족을 위한 것이었고 가족에게는 한 번도 화낸 적이 없었습니다.

두 분에게 좋은 유전자를 받았음에도 저는 그만큼은 좋은 사람이 되지 못했습니다. 간부와 의사 결정자로 올라가면서부터는 후배들을 자주 야단치기도 했고, 급한 성격에 직원들을 다그친 적도 많았습니다. 하지만 속마음은 그렇지 않았습니다. 특히 부사장이 되면서부터는 최대한 부드러운 사람이 되려고 노력했습니다. 그때 선배나 상사보다 제가 두려워하고 조심했던 사람들은 후배들이었습니다. 저 역시 사장이 되기 전 누구보다 오래 후배의 입장을 겪어온 사람이기에 그 마음을 이해하고 알아서 더 무서웠습니다.

저는 과거에도 지금도 아랫사람에게 함부로 하는 사람, 말 속에 가시를 담아 훅훅 찌르는 사람들을 싫어합니다. 차별을 기조로 한 문화는 없어져야 한다고 생각합니다. 특히 겸양이라는 허울 아래 윗사람 앞에서는 말을 아끼면서 아랫사람에겐 예의를 지키지 않는 태도, 나이와 직급에 따라 호칭이 달라지는 것은 그릇된 문화입니다. 선배와 후배, 상사와 부하 직원이 같은 눈높이에서 허심탄회하게 얘기를 나눌 수 있어야 조직이 발전합니다.

이는 상호 존중으로 상대를 높이던 부모님, 특히 남의 아픔에 눈물 마를 날이 없었던 어머니를 보며 제 안에 내재되었던 생각이 신념으로 발전된 게 아닐까 싶습니다. 배려 있는 사람, 스스로에게든 남에게든 한 약속은 지키는 사람이 되어야 한다는 건 제 신념이 되었고, 그게 직장 생활을 버티게 하는 힘이었습니다. 물론 지금까지 오는 데 영감을 주었던 회사와 조직 생활에서 만난 수많은 선후배, 저를 믿고 함께 힘을 발휘해준 동료들의 지원도 빼놓을 수 없습니다. 끊임없는 자극과 동기를 부여해준 부모님과 형제들, 제 인생의 진짜 보스인 아내, 친구처럼 지내는 두 아이의 배려와 지원도 마찬가지지요.

이 모든 것은 제가 어려운 시기를 버티게 한 힘이었고, 동시에 일해야 하는 이유였습니다. 지금 이 책이 여러분에게도 그런 힘이 될 수 있다면 더 이상 바랄 바가 없겠습니다. 혹여 이 책을 통해 고민되거나 어려웠던 문제를 풀어나갈 실마리를 찾게 되거나 위안과 각성, 위로와 응원을 받는 사람이 몇 명이라도 있다면 그것으로 충분한 기쁨이 될 것 같습니다.

2023년 7월
고동진

4

원점경영

切磋琢磨

5

자기경영

知之爲知之 不知爲不知 是知也

若烹小鮮*

1.

태도경영

저는 '일과 삶의 균형'은 반드시 필요하다고 봅니다.

다만 제가 생각하는 일과 삶의 균형은 보통의 정의와는

조금 다르긴 합니다.

제게 있어 워라밸은 '바라는 목표를 달성하기 위해

일과 삶을 모두 균형 있게 투자하는 것'을 의미했습니다.

즉 회사에서뿐 아니라 집에서도,

일할 때뿐 아니라 일하지 않을 때도

목표를 생각하고 추구하며 노력하는 것이

저의 워라밸이었지요.

* 若烹小鮮(약팽소선)
  '생선을 요리할 때 자꾸 뒤집으면 모양이 망가지니 가만히 두어야' 하듯,
  일을 할 때는 작은 변화에 휩쓸리지 말고
  담대하게 믿고 기다리며 나아가야 한다.

'가진 것 없는 사람'의 유일한 무기

'가진 것이 없는 사람'은 무엇부터 시작해야 할까요?

저 역시 20~30대 시절, 부족한 스펙과 기댈 언덕이 없는 환경을 탓한 적이 있습니다. 하지만 그런 태도가 결국 스스로를 갉아먹을 뿐 아무런 도움도 되지 않는다는 사실을 깨달은 후 생각을 바꿨습니다. 다윗과 골리앗의 싸움에 대한 이야기는 다들 아실 겁니다. 가진 것이라곤 돌멩이뿐이었던 다윗은 창과 방패로 무장한 골리앗을 쓰러뜨리는 데 성공합니다. 아무리 가진 것 없는 사람이라도 다윗처럼 돌멩이 하나쯤은 있지 않을까요?

지금, 몇 시간을 살고 있는가

2020년 CES에서 있었던 일입니다. 세계 몇 위 안에 드는 멕시코 거래선의 CEO가 저녁 식사에 아들을 데리고 나와도 되겠냐고 묻기에 흔쾌히 동의했습니다. 식사 중 멕시코 CEO가 제게 질문을 하나 던지더군요.

"어떻게 대표이사가 된 거예요?"

저는 사실대로 답했습니다.

"저는 가난했고, 가진 게 정말 아무것도 없었습니다. 삼성에서 살아남는 것 외에는 아무런 대안이 없었죠. 그래서 그냥 매 순간, 진짜 열심히 했어요. 그러다 보니 어느덧 이 자리에 올랐더군요."

아마 그 CEO는 부족함 없이 부유하게 자란 자신의 아들에게 노력의 중요성과 성공의 비결을, 저를 통해 간접적으로나마 알려주고 싶었던 것 같습니다.

실제로 저는 정말 가진 것 없이 출발했습니다. 물론 아무것도 없었다면 거짓말이겠죠. 제게도 몇 가지가 있긴 했습니다. 사람은 얼굴도 성격도 능력도 제각기 다르지만 태어날 때부터 모두 똑같이 가지고 있는 것이 있습니다. 신체와 정신, 그리고 시간입니다.

"시간은 누구에게나 공평하다."라는 말, 많이들 들어봤을 겁니다. 너무 자주 접해서 식상할 정도겠죠. 하지만 이 말이 지겨울 만큼 오래도록 회자되었다는 것은 그 말이 '진실'이라는 가장 확실한 방증이 아닐까요?

저는 이 시간이야말로 '가진 것 없는 사람'이 가질 수 있는 유일한 무기라고 생각합니다. 학벌도 떨어지고 능력도 부족하고 가진 것이 아무것도 없어 무엇부터, 어떻게 시작해야 할지 모르겠다면 시간, 정확히는 시간 관리부터 출발해야 합니다.

우리는 누구나 24시간을 손에 쥔 채 하루를 시작합니다. 그리고 이를 어떻게 활용하느냐에 따라 점점 개인차가 생깁니다. 누구는 같은 24시간을 25시간처럼 사용하고 누구는 23시간처럼 씁니다. 처음에는 한 시간 정도의 차이지만 이게 쌓이면 1일, 1개월, 1년이 됩니다. 그 차이만큼 벌어지는 간극은 시간이 흐르면 흐를수록 따라잡기가 매우 어렵습니다.

특히 갓 회사에 입사한 신입 사원, 야심을 가지고 스타트업을 시작한 창업자 등은 아직 경험치가 없기 때문에 모두 동등한 '처음'을 맞이하게 됩니다. 가진 것이 많든 적든 '낯선 것'을 마주하게 되는 것이지요. 처음 해보는 것, 낯선 것은 누구에게나 어렵습니다. 결국 사회생활을 시작할 때는 누구나 같은 어려움에 처해 있는 셈입니다. 타고난 능력이 아주 뛰어나지 않은 이상, 많은 시간과 노력을 투여한 사람이 보다 빨리 어려움을 극복할 수 있겠죠.

사실 그 어떤 회사에서도 신입 사원에게 고차원적인 업무를 맡기지는 않습니다. 상식적인 선에서 업무에 익숙해질 시간을 주고 그 시간 동안 성장하는 정도를 지켜보죠. 그리고 이 성장의 정도에 따라 이후의 길이 달라집니다. 즉 시작 이후부터는 내가 하기 나름이라는 것입니다. 그리고 이때 '하기 나름'을 좌우하는 요소가 바로 시간입니다. 이쯤에서 묻고 싶습니다.

당신은 지금, 몇 시간을 살고 있습니까?

발전에 박차를 가하는 '투 두 리스트'

저는 사회생활 초반, 월요일부터 토요일 오전까지 개인적인 약속은 일절 잡지 않았습니다. 적어도 6~7년 차가 될 때까지는 어떻게 시간을 배분하고 투자해서 성장할 수 있을지를 고민하고 실천하기 바빴지요. 즉 저는 일에 모든 에너지와 시간을 투여했습니다. 지금처럼 워라밸(work and life balance)이 중요하게 여겨지는 시대도 아니었고, 일이 많으면 밤 10~11시까지 야근하는 게 당연했던 때라서 더 집중하고 몰두했던 건지도 모르겠습니다. 일요일에도 쉬기보다는 회사에 나가 일할 때가 더 많았으니까요. 여하튼 저는 제가 가진 거의 유일한 자원이었던 시간을 최대한 활용하는 전략을 택했고, 그것은 주효했습니다.

물론 무조건 일, 일, 일만 하라는 이야기는 아닙니다. 쳇바퀴를 돌듯 일과 일, 다시 일과 일을 반복하다 보면 오히려 시간 관리가 어려워집니다. 일에만 함몰되다 보면 매너리즘에 빠지기도 하고, 계속 같은 일상이 반복되다 보면 느슨해지거나 해이해지기도 쉽기 때문입니다. 그래서 이때 제가 활용했던 것이 투 두 리스트(to do list)입니다. 퇴근하기 전에는 늘 다음 날 할 일을 시간 단위로 정리했습니다. 그리고 이를 달성한 정도 등을 두고 스스로를 평가했죠.

처음 2~3개월 동안의 성적표는 그야말로 처참했습니다. 아무리 후한 점수를 주고 싶어도 도저히 A가 나올 수 없는 상황이 계속 벌어졌기 때문입니다. 나름 한 시간이면 끝낼 수 있는 일이라 생각해서 리스트에 기재했는데, 정작 그날 마무리조차 못 한 경우도 있었습니다. 회사 생활은 '내 일'만 할 수 없다는 사실을 간과했던 겁니다. 상사가 지시하는 일, 갑자기 처리해야 할 문제, 예상치 못하게 이관되는 업무 등이 생기면서 정작 계획한 업무가 밀리는 경우가 왕왕 발생했습니다. 몇 번의 시행착오를 겪은 후 리스트에 내 업무뿐 아니라 돌발 상황에 대응할 계획까지 추가하면서 성적표의 점수는 C에서 B로, 다시 A로 점점 올라갔습니다. 시간을 스스로 관리할 수 있는 능력이 생긴 것이지요.

이렇게 몇 년 동안 축적한 나만의 평가표는 후일 삼성에서 실행한 '개인별 사업부제'의 근간이 되기도 했습니다. 당시 함께 일했던 동료들과 서로 평가를 나누면서 점검 시간을 갖고 발전의 기회로 삼을 수 있었죠.

여러분이 정말 가진 것이 없어서 탁구공 밑에 있는 셈이라고 해보죠. 탁구공 위에는 테니스공, 그 위에는 야구공, 또 그 위에는 배구공과 농구공, 또 그 위에는 짐볼이 있다고 상상해보십시오. 탁구공 밑에 있을 때는 그게 세상의 전부입니다. 하지만 탁구공 위로 올라가면 더 큰 세상이 있고, 그 위로 올라가면 더욱 큰 세상이 기다리고 있습니다. 직장 생활과 인생이 이렇습니다. 내 앞에 큰 세상이 없다면 나도 모르게 성장 속도가 더뎌집니다. 직장 생활을 하면서 3~6개월 동안 새로운 일, 도전적인 일, 특별한 과업(T/F, 별도 프로젝트 등)이 주어지지 않는다면, 즉 더 큰 세상으로 나아갈 기회가 생기지 않는다면 무언가 잘못된 것입니다.

회사는 유기체이며 생물이고 끊임없이 역동적으로 움직입니다. 그러니 3~6개월 동안 나는 별다른 일 없이 머물러 있고, 주변 동료들은 바삐 움직인다면 스스로에게 무슨 문제가 있지 않은지 점검해보기 바랍니다. 투 두 리스트를 작성하고 있다면, 이 점검에 큰 도움이 되겠지요.

일하는 사람에겐 체력도 능력이다

지금이야 많은 사람들이 해외 유학이나 어학연수를 다녀오고, 그게 아니더라도 국내에서 어학 공부를 쉽게 할 수 있지요. 하지만 1980년대만 해도 상황이 달랐습니다. 해외에 나가는 것은 고사하고 외국어 공부 자체가 쉬운 일이 아니었죠. 직감적으로 '영어를 잘하면 어떤 기회든 열리겠다.'라는 생각이 들었고, 그때부터 저는 영어 공부에 매진했습니다. 시간 관리가 남과 내게 주어진 동일한 조건을 '나만의 가진 것'으로 만들기 위한 전략이었다면, 어학 능력의 향상은 '확실한 차별화'를 이루기 위한 전략이었습니다.

학교를 졸업하고 바로 취업했기에 어학연수는 꿈도 꿀 수 없었습니다. 회사를 다니면서 학원을 등록할 수 있는 상황도 아니었죠. 그래서 토요일 오후에는 이태원이나 용산의 주한 미군 가족들이 속한 커뮤니티에 참석해 회화 실력을 쌓았습니다. 적어도 내 노력으로 채울 수 있는 것은 어떻게든 채워내야만 후회가 없을 듯했습니다. 그게 만약 돈이라면 잃어버리거나 빼앗겨서 다시 빈털터리가 될 수도 있겠지만, 머릿속에 쌓은 지식은 잃어버릴 일도 뺏길 일도 없으니 그만큼 좋은 투자가 없다 싶었지요. 이렇게 시작한 외국어 공부는 결혼한 후에도 쭉 이어졌고, 주말은 외국어를 공부하는 시간으로 자리 잡았습니다.

그렇게 7~8년이 지나자 회사에서 영국으로 유학 가 석사 학위를 딸 수 있는 기회를 주었지요. 아마 오랜 시간 저를 지켜본 결과일 겁니다. 다 같이 신입으로 시작했을 때는 학벌이나 전공이 눈에 띄겠지요. 하지만 시간이 지날수록 그런 초기 조건은 희미해지고, 회사에서 보인 노력과 성과만이 뚜렷해집니다. 그리고 회사는 '성과'에 대한 '보상'을 통해 더 큰 '발전'을 꾀하기 마련입니다. 제게 유학 기회가 주어진 이유죠.

남들이 자는 시간에 피곤함을 참으며 공부하고, 그냥 손 놓고 퇴근한 사람 뒤에서 끝까지 붙들고 문제를 해결하는 그 한 시간이 하루하루, 그렇게 8년 이상 쌓인다고 생각해보세요. 몇 년간 노력한 끝에 저는 비교적 젊은 나이에 삼성의 초급 간부가 됨과 동시에 "난 아무것도 가진 게 없어."라며 한탄하던 사람에서 "그래도 좀 가진 게 있나?" 하는 사람이 되었습니다.

여기서 한 가지 짚고 넘어갈 사실이 있습니다. 일에 전력투구하고 잠자는 시간까지 줄여가며 외국어를 공부하는 노력도 중요하지만, 그 과정에서 건강을 소홀히 해서는 절대 안 된다는 것입니다. 일하는 사람에겐 '체력'도 '능력'입니다. 체력이 뒷받침되지 않으면 아무리 열심히 하고 싶어도 할 수 없는 상황이 벌어지기 때문이죠.

사실 그 무엇보다 중요하고, 내가 내 마음대로 할 수 있는 유일무이한 것이 바로 몸과 건강 챙기기입니다. 건강에는 체력적인 것뿐 아니라 정신적인 것도 포함됩니다. 신체와 정신이 건강하고, 지치는 일 없이 꾸준히 성실하기만 해도 회사에서 부장까지는 갈 수 있습니다. 얼핏 사소해 보이는 건강 챙기기에도 참 많은 것이 숨어 있기 때문입니다.

생각해보죠. 건강을 챙기려면 매일, 매주, 매월, 매년 꾸준히 노력해야 합니다. 한순간에 잃을 수는 있어도 하루아침에 만들어지지 않는 것이 건강입니다. 즉 건강하려면 자기 관리가 철저해야 합니다. 그리고 자기 관리를 잘하는 사람은 당연히 성실할 수밖에 없습니다. 건강―자기 관리―성실함, 모두 연결되는 요소인 셈입니다.

저 역시 사원 때는 어떤 일이 주어져도 건강이 핑계가 되어 못하는 경우가 없도록 체력 관리를 열심히 했습니다. 운동도 꾸준히 하고 어머니에게 부탁드려 황기 백숙 등 보양식들을 일부러 챙겨 먹기도 했지요. 당시 월급의 10퍼센트 정도는 체력 관리와 정신력 관리를 위해 썼습니다. 어려운 형편에 쉽지 않은 일이었지만, 성장과 발전을 위한 제 나름의 투자였던 셈입니다.

처음부터 가진 것이 많았다면 아마 그토록 치열하게 노력하진 않았을 겁니다. 그냥 가진 것을 조금씩 사용하면서 보다 여유롭게 살았겠지요. 어쩌면 '없음'에서 오는 절박함이 저로 하여금 '내가 유일하게 맘대로 좌지우지할 수 있는 건강과 시간부터 잡자.'라는 생각, '아무도 가져가지 못할 것들을 내 안에 쌓자.'라는 결심을 하게 해준 것이 아닐까 싶습니다. 만약 "그래도 난 가진 게 없다."라고 푸념하는 사람이 있다면 이렇게 말해주고 싶습니다.

가진 것이 없다는 것이 오늘은 '타고난 조건'이고 '처한 현실'일 수 있지만, 내일은 '내가 택한 결과'라고 말입니다.

02

초기화 — 변화 — 담대함, RCB의 법칙

일로 성공하기 위해 어떤 준비가 필요할까요?

직장 생활은 단시간에 결과를 낼 수 있는 단거리경주가 아니라 오랜 시간 지치지 않고 달려야 결승선을 통과할 수 있는 마라톤입니다. 마라토너들은 단순히 튼튼한 체력을 기르는 데 그치지 않고 페이스 조절, 구간별 전략을 철저하게 계획하죠. 직장인 역시 마찬가지 전략이 필요합니다. 바로 RCB의 법칙이죠.

Reset, 생각을 초기화하라

　직장 생활을 시작했다면 가장 먼저 해야 할 작업은 '생각의 초기화'입니다. 어느 대학을 나왔고 학점은 어땠고 학위를 어디까지 받았으며 또 집안이 어떻고 등등 기존에 갖고 있던 배경이나 조건을 모두 잊을 필요가 있다는 이야기입니다. 완전히 새로 시작해야 합니다. 반대로 이야기하자면, 학벌이 나쁘고 스펙이 부족하고 집안 형편이 어렵고 등의 사정도 생각할 필요가 없습니다. 입사 전 상황이 좋았든 나빴든 모두 중요하지 않다는 뜻입니다.

　회사 생활은 마라톤입니다. 회사에 들어가는 순간 우리는 모두 신입 사원이라는 동일한 선상에서 출발하게 됩니다. 그러니 과거의 조건이나 배경에 연연할 이유가 없는 것이죠. 리셋! 회사 생활의 시작은 바로 초기화입니다. 지금까지의 삶과 생각, 태도를 리셋하고 직장인으로서의 새로운 세팅이 필요한 것이죠.

　모두 알고 있다시피 마라톤은 42.195킬로미터라는 긴 거리를 달리는 경기입니다. 초반에 치고 나갔던 사람이 마지막에 우승하라는 법은 없습니다. 아니, 오히려 처음부터 전력 질주를 하다 보면 중간에 낙오하기 십상이죠. 체력 안배와 각 구간의 조건에 따라 페이스 조절을 잘한 선수가 결승점에 먼저 도착해 승리의 영광을 거머쥐기 마련입니다. 회사 생활도 마찬가지입니다. 입사 초기 반짝였던 사람이 계속 승진하며 승승장구하라는 법은 없습니다. 각 시기와 단계에 맞는 전략으로 꾸준한 성장과 성과를 보인 사람이 결국 마지막에 웃을 수 있는 세계죠.

사회생활의 단계를 보통 20대, 30대, 40대로 구분하곤 하는데 제가 겪어보니 '20대~30대 중반', '30대 중반~40대 중반', '40대 중반 이후'로 나누는 것이 전략을 세우기에 좀 더 효율적이었습니다. 우선 세 시기 모두 공통적으로 갖춰야 할 요건은 건강입니다. 체력이 뒷받침되지 않으면 열심히 하고 싶어도 할 수 없는 상황이 벌어지기 마련입니다. 건강의 중요성은 계속 강조할 예정이니 여기서는 다른 요소들을 중점적으로 살펴보도록 하죠.

Change, 성장을 위한 두 번의 변화

먼저 20대~30대 중반을 살펴보면, 직장 생활을 짧게는 5년에서 길게는 10년 정도 했을 시기입니다. 그간의 태도와 능력, 성과 등을 바탕으로 이 사람은 이렇다 하는 평가가 진행되는 때이죠. "시작이 반이다."라는 말도 있듯이 50퍼센트에 해당하는 가중치를 두어야 할 만큼 중요한 시기입니다. 이 무렵 형성된 이미지는 잘 바뀌지 않기 때문입니다. 또 이 단계를 잘 관리해야 다음 스텝이 비교적 수월할 수 있고요.

이때는 '태도의 변화'가 필요한 시기입니다. 그리고 반드시 갖추어야 할 태도는 성실함입니다. 특히 20대의 평사원이라면 더욱 그렇습니다. 사실 학창 시절 아무리 뛰어났다고 해도 공부 머리와 일머리는 다른 경우가 많습니다. 어차피 모두 처음 배우는 업무인 만큼 실력 차가 크게 벌어지지는 않습니다. 결국 일에 임하는 태도가 그에 대한 평가를 좌우하게 되는 것이죠.

출퇴근이 불성실하고, 선배나 상사가 하는 말에 귀 기울이지 않으며, 일 처리도 건성이라면 그의 30대 이후는 보장할 수 없습니다. 배우겠다는 자세, 해보겠다는 태도가 갖춰지지 않은 사람에게 성장의 기회를 제공할 회사는 없으니까요. 천성이 게으르다면 변해야 합니다. 성실이 몸에 배지 않았다면 성실한 척이라도 하는 노력이 필요합니다. 회사는 학교가 아닙니다. 따라오지 못하는 사람, 아니 따라올 자세가 되지 않은 사람을 어르고 달래서 끌고 갈 여유도 이유도 없지요.

근무 강도가 높아 따라가기 벅찰 수도 있습니다. 하지만 이를 자기 계발의 기회로 삼고 성실하게 임하면, 분명 어느 순간 성장하고 발전한 스스로를 발견할 수 있을 겁니다. 30대 중반 단계로 넘어갈 준비가 된 것이죠.

34

다음으로 30대 중반 이후에는 대부분의 직장인이 두 번째 변화의 시기를 맞는 경우가 많습니다. 앞의 단계를 잘 건너온 사람이라면 이제 직장 생활을 보다 오래, 더 잘하기 위해서 이때를 잘 준비해야 합니다. 설사 20대~30대 중반 때 제대로 해내지 못했다 하더라도, 이를 만회할 수 있는 기회가 한 번은 주어집니다. 마지막 기회라고도 할 수 있겠습니다.

30대 중반 이후는 직무에 필요한 지식과 지혜, 그리고 다양한 경험을 바탕으로 창의력 등을 갖추어야 할 때입니다. 또 동료로부터는 인정을, 후배들에게는 존경을, 상사와 파트너사에게는 신뢰를 받아야 합니다. 물론 그동안 성실하지 않았던 사람이 30대 중반이 되었다고 갑자기 이런 요소를 갖출 수는 없습니다. 앞의 단계에 성실함을 무기로 평판을 쌓아온 사람만이 그 노력의 결실을 얻을 수 있는 법이죠.

성실하게 자기 일을 연마해온 사람은 30대 중반 이후가 되면 직무에서 필요로 하는 전문 지식의 깊이를 갖춘 것은 물론, 다른 유관 분야까지 그 폭이 확대되어 있을 겁니다. 만약 이 시기에 접어들었는데 스스로 잘하고 있는지 모르겠다면, 미팅 때 어떻게 하고 있는지를 돌아보면 됩니다. 타 부서나 외부 파트너사와 미팅할 때 도움을 줄 누군가와 함께 나가야 한다면, 전문 지식이 있을지는 몰라도 유관 부문에 대한 폭을 넓히지는 못한 것입니다. 물론 회사 내 모든 분야를 섭렵하기란 당연히 불가능합니다. 그럼에도 불구하고 미팅에서 원활한 의사소통이 이루어질 만큼의 정보와 지식은 갖추고 있어야 합니다. 관련 자료와 전문 서적의 검토, 선배나 상사와의 대화를 통해 적극적으로 배우고 익힘으로써 시야를 확대하는 것이 중요합니다.

즉 30대 중반 이후는 '역량의 변화'가 요구되는 때입니다. 그런데 이 시기에 가장 많이 하는 실수가 있습니다. 자기가 해왔던 방식, 태도를 고수하려고 하는 것입니다. 여태껏 문제가 없었으니 굳이 바꾸려 하지 않는 것이죠. 하지만 30대 중반 이후는 업그레이드가 필요한 시기입니다. 단순히 일을 열심히 하고 잘하는 것을 넘어, 깊이를 더하고 폭을 넓혀야 합니다. 이렇게 성장하는 사람들은 처음엔 동료를 긴장시키지만, 결국 모두에게 인정받고 존경받는 사람으로 한 단계 더 성장합니다.

한 가지 주의할 점은 이 시기는 사내뿐 아니라 사외에서도 나에 대한 평가가 많이 돌아다닐 수밖에 없다는 사실입니다. 그래서 평판 관리에도 신경을 써야 합니다. 사내의 경우 그나마 친한 선후배, 동료가 귀띔해주거나 인사과에서 면담을 통해 전해줄 수 있습니다. 하지만 사외의 경우 나에 대한 오해가 소문처럼 떠돌아다니다 사실로 정착해버리는 일이 적지 않습니다.

다소 억울할 수도 있겠지만 회사 밖에서의 이야기는 그 시간,

자신의 현주소를 그대로 반영한다고 생각하며 받아들여야 합니다. 앞에서 말한 '만회할 수 있는 기회'가 이것입니다. 자신의 태도에 대한 비판적 의견들을 수용해 고치고 개선하면 40대 중반 이후는 훨씬 나은 조건에서 맞이할 수 있습니다.

Be brave, 담대하게 나아가라

20대부터는 성실함을 기본으로 끊임없이 자기 계발을 하며 생각과 태도의 변화를 꾀하고, 30대 중반 이후부터는 전문 지식과 지혜를 바탕으로 외연을 확대했다면, 마지막 40대 중반 이후는 최종적 진화를 거쳐 완성을 이루는 시기입니다.

이때 중요한 것이 담대함입니다. 40대 중반부터는 뜻한 바를 담대하게 밀고 나가 직장인으로서의 자기 모습을 완성시켜야 합니다. 크고 작은 일에 흔들리지 않고 초지일관하며, 공과 사를 구분하고, 소탐대실하지 않는 것이 담대함입니다. 대부분 경제적으로도 안정을 찾아가는 때이므로 생활이 안정되어야 바른 마음을 추구할 수 있음을 뜻하는 무항산무항심(無恒産無恒心)을 실천하기 시작하는 시기이기도 합니다.

이 단계에서는 무엇보다 중요한 의사 결정을 해야 하는 순간이 많아질 겁니다. 일상적인 업무나 상대적으로 중요성이 떨어지는 일은 후배들이 담당하고, 자신은 보다 넓은 것을 보고 판단해야 하는 상황이 늘어나지요. 50퍼센트의 일은 의사 결정을 제때 해주고 격려와 응원을 더해주면 대부분 제대로 돌아갑니다. 나머지 50퍼센트는 두루 살피고 다양하게 들은 후 내가 결정해주어야 하는 일입니다. 그리고 이 50퍼센트의 일을 할 때 갖추어야 할 태도가 바로 담대함입니다.

어려움에 흔들리지 않고, 또 작은 것에 욕심내지 않고 일하기 위해서는 내 결정에 대해 책임을 지겠다는 의지가 깔려 있어야 합니다. 모든 일의 목적은 '결과 도출'입니다. 사회생활에서는 성과를 내지 못하면 그간 기울인 노력도 공들인 과정도 인정받지 못하는 경우가 수두룩합니다. 그런데 상황에 따라 처음에 계획한 대로 흘러가지 않을 수 있습니다. 이때 필요한 대처를 하고 전략을 수정하는 것도 중요하지만, 일이 지향하는 목표에 큰 지장이 없다면 당초의 계획대로 밀고 나갈 줄도 알아야 합니다. 작은 변화에 휩쓸려 이리저리 일을 뒤집으면 후배들이 불안해합니다. 그 불안을 없애주는 것이 담대하게 나아가야 할 이 시기의 일입니다. 또한 일이 잘되었을 때 후배들에게 그 공을 돌릴 수 있는 넉넉한 마음도 필요합니다.

"약팽소선(若烹小鮮)"이란 말이 있습니다. 『도덕경』에 나온 말로 "작은 생선을 삶는 것과 같다."라는 뜻입니다. 다시 말해 "큰 나라를 다스리는 것은 작은 생선을 삶듯이 해야 한다."라는 의미로, 어떤 정책을 세우면 일단 가만히 두고 지켜보며 차분히 기다릴 수 있어야 한다는 메시지를 전하고 있습니다. 작은 생선을 요리하면서 자꾸 뒤집으면 살이 흐트러지고 모양이 망가지니 가만히 두라는 것이지요. 어느 정도 위치에 오른 사람은 직장에서 이렇게 일해야 합니다.

특히 이 시기의 리더는 배려를 할 줄 알아야 합니다. 무관심, 냉소는 모두 조직 내에서 반드시 없어져야 할 나쁜 문화입니다. 배려하는 마음이 없으면 사람은 매사에 무관심해지고 타인에게 냉소적이게 됩니다. 이로 인해 조직 내 의사소통은 급격히 줄어들지요. 이것이 부서 이기주의로 나타나고 사일로(silo) 현상이 벌어지면서, 결국에는 조직 간 큰 벽을 만들게 됩니다.

무관심, 냉소도 나쁘지만 리더가 특정 후배를 편애하면 이는 커뮤니케이션을 단절시키고 조직을 망치는 지름길이 됩니다. 모두에게 관심을 기울이고 배려하는 사람이 참된 리더인 것이지요.

오직 일로 성공하고 싶은 사람, 지금 자신이 뛰어든 업에서 최고가 되고 싶은 사람이라면 RCB의 법칙을 기억하시기 바랍니다. 초기화―변화―담대함의 단계를 전략대로 수행한다면, 기나긴 마라톤을 마치고 결승선에서 승리의 미소를 짓는 사람은 분명 당신이 될 것이라 약속합니다.

03

삼성은 이렇게 묻는다
"누가 챔피언인가?"

회사에서 지향해야 할 목표는 무엇일까요?

회사는 정지된 무기체가 아닌 끊임없이 살아서 움직이는 유기체입니다. 즉 계속 발전하고 변화하는 회사에 맞춰, 스스로도 발전하고 변화하고자 하는 자세와 유연성이 중요합니다. 이를 위해 요구되는 것이 '챔피언 마인드'입니다. 단순히 관리자를 목표로 하지 마십시오. 보다 큰 성공을 원한다면 챔피언을 꿈꿔야 합니다.

'내 일', '네 일'은 없다. 오직 '회사 일'이 있을 뿐

삼성에서는 누가 책임자인지는 다 알고 있습니다.

그러나 "누가 챔피언인가?"라고 자주 묻습니다.

책임자가 누구인지를 따지는 것은 사후 처리의 성격이 강합니다. 문제가 벌어진 후 뒤늦게 책임을 추궁하는 것이지요. 하지만 책임자를 문책한다고 해서 이미 일어난 일이 없던 일이 되지는 않습니다. 중요한 것은 문제가 벌어지지 않게 만드는 것, 즉 리스크 관리지요. "누가 챔피언인가?"는 누가 전체를 보고 문제를 예측하며 사전에 리스크를 감지해서 대처하는가, 누가 일을 끝까지 마무리해서 성과를 만들어내는가를 묻는 질문입니다.

저는 일로 성공하고자 하는 사람이라면 챔피언을 목표로 해야 한다고 생각합니다. 챔피언은 일의 시작부터 끝까지 큰 그림을 그리는 사람입니다. 그리고 '자신의 성장'으로 '회사의 성장'을 이끌어내는 사람입니다. 동시에 '회사의 발전'을 '자기 발전'의 동력으로 삼는 사람이기도 합니다. 즉 회사와 공생하는 것이죠.

그럼 챔피언이 되기 위해선 무엇이 필요할까요. 우선 질문을 하나 해보려 합니다.

회사 업무는 무엇이라고 생각하나요? 어디서부터 어디까지가 자기 일이라고 생각합니까?

회사의 규모에 관계없이 대부분의 회사에는 직무 분석(job analysis)이란 것이 있습니다. 각 부서에서 해야 할 일을 기술해놓은 것인데, 그렇다고 업무가 100퍼센트 기재되어 있지는 않습니다. 대략 60~70퍼센트 정도 정리돼 있다고 생각하면 되겠습니다.

회사는 여러 업무와 부서가 얽혀 있기에 업무 분장이 되어 있다 하더라도 명확하게 선을 그어 내 일, 네 일을 나누기가 쉽지 않습니다. 누군가 놓친 부분이 있으면 다른 사람이 메꿔야 하고, 누군가 실수하면 그걸 수습하는 사람도 있어야 합니다. 때문에 신입 사원이거나 아직 연차가 얼마 되지 않았을 경우 '대체 내가 어디까지 해야 하지?'라는 생각을 할 수밖에 없습니다.

회사는 혼자 일하는 곳이 아닙니다. 좀 더 정확히 말하면 '내 일'과 '남의 일'이 구분되지 않는 곳이 회사입니다. '내 일', '남의 일'이 아니라 오직 '회사의 일'이 있을 뿐이죠. 즉 '내 일 = 회사 일'이라는 생각이 챔피언의 첫 번째 조건입니다.

'내가 왜 해야 해?' vs. '내가 아니면 누가 해?'

제가 영국 유학을 마치고 인사부서로 발령받은 후 처음 맡은 업무는 한 전시회를 주관하고 지원하는 일이었습니다. 인사 분야

업무도 낯설었는데 전시 지원은 더더욱 생경했습니다. 하지만 '내가 왜 이 일을 해야 해?' 같은 생각은 하지 않았습니다. 오히려 신입 사원이 OJT를 받는 마음으로 열심히 임했습니다. '내가 아니면 누가 해?'라는 태도로 접근한 것이지요.

그 과정에서 이전까지 알지 못했던 부서 사람들과 교류하면서 좋은 관계를 만들 수 있었습니다. 그때 맺은 관계들은 이후 인사 쪽에서 본연의 굵직한 업무를 할 때 모두 든든한 파트너가 되어주었지요. 회사에서 맺은 인연과 일로 쌓은 경험은 자신에게 어떤 식으로든 다시 돌아옵니다. 크고 작은 흐름을 만들어 그 안에서 나를 성장시키는 것은 결국 작은 일에도 성실히 임하는 태도이지요.

2000년 영국으로 가서 해외 근무를 시작했을 때도 마찬가지였습니다. 유럽 법인 인사팀장과 현지 연구소장을 1년 넘게 겸직했는데, 어느 날 본사의 마케팅부서 실무자가 제게 메일을 하나 보내왔습니다. 유럽 MWC(mobile world congress) 행사에 무선 휴대폰을 출품하는데 성과를 낼 수 있도록 지원해달라는 내용이었죠.

성과를 올려도 연구소에 돌아오는 것은 없었습니다. 하지만 회사에는 돌아가는 것이 있었고, 그렇다면 돕지 않을 이유가 없었습니다. 합법적으로 지원할 수 있는 모든 방법을 다 동원했고 결국 그해 '올해의 폰'으로 선정되는 쾌거를 이루었습니다. 이후 제가 대표이사가 되었을 때 당시 실무자가 그때 감사했다는 메일을 보냈더군요. 큰

일이건 작은 일이건 회사의 일에는 무조건 최선을 다한다면, 언젠가 그 결과가 내게 되돌아온다는 생각을 또다시 했습니다.

그래서 저는 후배들에게 늘 "회사 업무는 내 일, 네 일이 있을 수 없다. 누가 하지 않으면 일단 나라도 해야 한다."라는 얘기를 합니다. 특히 글로벌한 회사에서는 국내뿐 아니라 해외까지 그 다양성이 확대됩니다. 한마디로 지구촌 세상에서 발생하는 삼라만상 모든 것들이 회사의 일이며, 그것이 곧 내 일이라고 이해하면 됩니다.

2019년의 어느 날 전무 한 분이 저에게 티타임을 요청했습니다. 현직에 있을 때 저는 임원들은 적어도 1년에 3~4회는 저와 업무에 상관없이 또는 업무를 가지고 이야기해야 한다고 강조했지요. 여하튼 이 전무님은 매우 기쁜 이야기를 들려주었습니다. 본인과 일하고 있는 상무를 칭찬하면서 나중에 본인의 후임자로 키우고 싶다는 것이었지요. 그 정도로 실력과 인품을 갖추었다고 자랑하면서, 현재 업무에 더해 이런저런 일을 맡겨보고 싶다고 했습니다.

표현은 안 했지만 그날 하루 종일 기분이 좋았습니다. 임원들에게 가장 듣고 싶은 이야기 중 하나였기 때문입니다. 후배를 주의 깊게 관찰하며 그의 커리어 경로를 고민하고, 또한 미래의 조직 발전을 위해 본인의 후임자로 키우고 싶다는 말에 큰 힘을 얻었을 뿐 아니라 감동도 받았습니다.

그 전무는 후배를 키우는 일을 '내 일'이라고 생각한 것입니다. 회사의 미래를 생각하고 고민하면서 누가 이 일을 가장 잘할 수 있는지, 또 그렇게 하기 위해서는 그 사람을 어떻게 키워야 할지 생각하는 것, 이것이 '내 일 = 회사 일'이라고 여기는 리더의 모습이지요.

핵심은 흐름을 파악하는 것

사실 신입 사원의 입장에서는 받아들이기 어려운 이야기일 수도 있습니다. 아직 '뭘' 해야 할지도 모르겠는데 '다' 해야 한다고 하면 벅차겠지요. 그래서 처음 업무를 시작할 때 혹은 신입 사원일 때 필수적으로 OJT 기간이 주어지는 것입니다. 즉 수습 기간인 것이지요. 짧게는 2~3개월에서 길게는 1년 정도까지 해당 부서가 맡은 일들을 이해하고 숙지하면서 그 안에서의 내 위치, 내가 할 일을 파악하고 수행하는 시간을 갖는 것입니다. 이 시간 동안 업무를 100퍼센트 파악할 수 있으리라는 생각은 금물입니다. 업무를 이해하고 해결하는 능력이 50퍼센트 정도만 되어도 높은 점수를 줄 수 있겠습니다. 이 얘기에 '그렇게 긴 시간 동안 고작 그 정도라고?' 하는 의문이 생긴다면 이를 일상생활에 적용해서 생각해보면 좋겠습니다.

우리의 생을 놓고 봤을 때 과연 내가 계획한 대로 흘러가는 일이 얼마나 될까요? 스스로 결정하고 결심해서 행하는 일도 맘대로 되지 않는 경우가 많지 않나요? 하다못해 매일 운동하기, 일기 쓰기, 책 읽기 같은 것도 사흘을 채우면 장한 일이 되곤 하지요. 개인의 일도 이러할진대 회사 업무는 말할 것도 없습니다. 그러니 처음부터 완벽하게 잘하겠다고 무리하기보단 차근차근 주어진 일들을 해결해가는 자세가 중요한 것이죠.

이때 기준으로 살펴봐야 하는 것이 '흐름'입니다. 회사 내에는 부서와 조직이 있습니다. 당연히 업무 분장이 되어 있지요. 하지만 사람이 일시적으로 부족하거나 갑자기 일이 몰리는 경우 등 담당을 특정하기가 쉽지 않은 순간이 있습니다. 특히 스타트업의 경우 모두가 멀티플레이어가 되어 뛰어야 합니다. 그런데 이럴 때마다 '내 일이 아니다.', '이걸 하면 또 나한테 일이 올 텐데.' 하고 생각하면 안 됩니다. 상사나 선배는 그냥 일을 주는 것이 아닙니다. 일이 흘러가도록 하기 위해서 적절히 분배해 개개인에게 맡기는 것입니다. 그 흐름 안에서 역할을 하는 것이 바로 조직원이 해야 할 일입니다.

회사의 업무는 딱 시간을 정해 그 안에서만 벌어지지 않습니다. 신입 사원 시절에는 주어진 일을 성실히 처리하고 퇴근하면 더이상 방해받지 않을 수도 있겠지요. 하지만 연차가 올라갈수록 일의 범위가 넓어지며 심지어 무한대가 되기도 합니다. 회사가 살아 있는 유기체, 생명체이듯 일도 그렇습니다.

'일을 잘하는 것'이 곧 '자기 계발'이다

이쯤에서 이런 의문이 들지도 모르겠습니다.

'회사 일이 곧 내 일이라는 생각으로, 무한대의 범위로 주어지는 일을 해내야 한다면 대체 자기 계발은 언제 하지? 계속 성장하고 발전해야 승진도 하고 성공도 하는 거 아냐?'

맞습니다. 자기 계발도 반드시 필요하지요. 그런데 우리는 이미 자기 계발을 하고 있습니다.

'이거 내 일이 아닌데?'가 아니라 '이참에 이 일도 한번 해보자!' 하고 도전하는 것이 바로 자기 계발입니다. 내 영역과 분야가 아닌 일도 경험하며 하나씩 내공이 쌓이고 분야가 확대되는 것이 바로 자기 계발입니다. 회사 일을 하면서 경험하는 모든 것을 자기 계발의 기회로 삼으라는 뜻입니다. 일을 잘하는 것이 곧 자기 계발이란 이야기입니다.

그런데 많은 사람들이 회사 업무와 자기 계발 사이의 균형을 잡는 법을 고민합니다. 회사 업무의 정의와 범위에 대한 이야기를 나눈 지금, 어떤 생각이 듭니까? 시간의 균형을 떠올리며 '이렇게 일하면 자기 계발 시간을 어떻게 확보하지?'라고 궁금해하는 사람도 있을 듯합니다. 제 답은 자기 계발 시간은 별도로 주어지는 게 아니라는 것입니다. '주어지지' 않으니 자기가 직접 '만들어내야' 하죠. 약속을 줄이고 외국어를 공부하는 것, 잠을 줄이고 능력 향상을 위한 노력을 하는 것이 필요합니다. 회사 일은 대부분 누구나 열심히 합니다. 하루 종일 바쁘게 일했다고 한잔하고 마무리하며 자족하는 생활이 반복되면 결국 언젠가는 도태됩니다. 모두가 열심히 하는 와중에 한 발 더 나아가야 나은 사람이 될 수 있습니다.

이렇게 병행하는 노력이 쌓이면 결국 둘 다 잘하게 되는 날이 옵니다. 그게 비록 5년 후, 10년 후, 15년 후가 될지라도 긴 호흡으로 이 둘을 함께 가져가야 합니다. 즉 두 개를 나눠 균형 있게 배분하는 것이 아니라 병행하며 나아가는 것, 그것이 회사 일과 자기 계발의 균형을 제대로 잡는 법입니다.

창의력의 비밀 '풋'과 '클루'

창의력도 발굴하고 성장시키는 것이 가능할까요?

흔히 창의력은 타고나는 것이라 생각하는 사람들이 많습니다. 하지만 단언컨대 결코 그렇지 않습니다. 노력에 따라 얼마든지 발굴하고 개발할 수 있는 것이 바로 창의력입니다. 특히 일에서의 창의력이라면 더욱 그렇습니다. 제가 오랜 경험을 통해 발견한 창의력의 비밀은 바로 '풋(foot)'과 '클루(clue)'입니다. 과연 무슨 뜻인지 궁금하시죠? 바로 이야기를 시작해보죠.

창의력은 '머리'가 아니라 '발'에서 나온다

2007년 개발관리팀장을 맡고 있을 때의 일입니다. 주말이면 늘 실무자들과 협력 업체를 방문해 현재 진행 중인 과제에 문제점은 없는지, 생산으로 이관 시 병목현상은 없는지 계속 확인했습니다. 사실 제 일은 아니었지요. 하지만 관련 부서의 이야기만 듣고 전체 일정을 판단하기에는 무리가 있을 수 있다는 생각에 직접 방문해서 교차 점검(cross-check)을 했던 겁니다.

처음에는 저와 함께 현장에 나가는 실무자는 물론, 협력 업체 임원과 담당자 모두 불편한 기색을 보였습니다. 하지만 시간이 흐르니 점차 상황이 바뀌었습니다. 데면데면하게 굴던 사람들이 허심탄회하게 이야기를 나누게 되면서 다양한 아이디어들이 그야말로 샘솟듯 나오더군요. 가장 괄목할 부분은 동행한 실무자의 성장이었습니다. 사고의 폭이 확연히 넓어지면서 전에는 생각하지 못했던 것들을 예측하고 고려할 수 있게 되었죠.

같은 분야에서 일하는 사람들끼리만 대화하면 아무래도 그 폭이 넓지 않습니다. 비슷한 생각과 한정된 주제를 가지고 말하기 때문이죠. 하지만 서로 다른 분야의 사람들이 만나면 각기 다른 아이디어들이 오가면서 새로운 생각이 도출되기 마련이죠. 즉 창의력이 싹트는 겁니다.

그 이후로도 저는 문제가 발생하면 보고를 받는 데서 끝내지 않고 일단 현장을 방문했습니다. '갤럭시 S'를 개발할 때도 그랬습니다. 아무래도 초창기 스마트폰을 디자인하다 보니 우여곡절이 많았는데, 특히 그립감을 좋게 하고자 선택한 하단의 곡면 부분이 낙하 테스트에서 번번이 통과되지 않아 문제였습니다. 출시가 불과 1개월 정도 남은 시점에서 당연히 개발실에는 비상이 걸렸지요.

원인을 찾기 위해 동분서주하던 어느 날, 실무자에게 보고가 올라왔습니다. 도통 원인을 알 수 없어 현장을 찾아 살펴보았는데, 아무래도 의사 결정권자가 직접 가서 보는 게 좋겠다는 의견이었지요. 일종의 '위험 경보'를 울려준 셈입니다. 바로 현장으로 가서 개발 인력 10여 명에, 협력 업체 임직원들의 이야기까지 찬찬히 들어보니 출시 전 품질을 안정화하기는 불가능하다는 결론이 내려졌습니다.

바로 이 사항을 개발실장님에게 보고드리고 다음 날 실장님과 함께 다시 현장을 방문했습니다. 두 시간의 치열한 미팅 끝에 곡면 화가 아닌 평면화로 가기로 했죠. 그렇게 바꾸고 나니 낙하 테스트에 통과한 것은 물론, '고객과의 시간 약속'인 시장 출시 역시 무사히 마무리되었습니다. 만약 그 실무자가 직접 현장에 가서 일차 판단을 하지 않았다면 대응은 훨씬 늦어졌겠지요. 평소 자기가 맡은 업무에 대해 다각도로 고민한 결과, 그는 본능적으로 현장을 찾았을 겁니다.

'현장으로 바로 뛰어나가 일을 해결한 것이 창의력과 무슨 상관이 있을까?'라고 의아해할 수도 있습니다. 하지만 저는 이것이야말로 '일에서의 창의력'이라고 생각합니다.

창의력은 무에서 유를 창조하는 것만을 의미하지 않습니다. 일에서의 창의력은 어떤 성과를 달성하기 위해 변곡점 혹은 터닝 포인트를 만들어야 하는 시점에, 관련된 사람과 조직의 의견을 취합해 새로운 방향성을 제시하는 것입니다. 책상 앞에 앉아 '상상'만 하는 것은 아무 소용이 없습니다. 방향을 전환하려면 현장의 목소리가 필요합니다.

여기서 창의력의 첫 번째 비밀, 즉 '풋(foot)'이 등장합니다. 일 잘하는 사람의 창의력은 '머리'가 아니라 '발'에서 나옵니다. 직접 발로 뛰어 현장을 보고, 듣고, 분석할 때 사무실에서 머리만 싸매고 고민할 때는 떠오르지 않았던 획기적인 해결책을 찾을 수 있다는 말입니다. 현장은 지식의 보고이고, 사유력과 창의력을 키워주는 소중한 배움터입니다.

여기서 한 가지 더 짚고 넘어가고 싶은 부분이 있습니다. 리더의 창의력에 관한 것입니다. 선배가 후배를, 상사가 직원을 코칭하는 데 있어서 가장 경계해야 할 것이 자료를 몇 번이고 반복해서 수정시키는 일입니다. 일부 데이터 정도야 후배의 지원을 받아야 하겠지만, 리더라면 자료는 직접 만들 줄 알아야 합니다. 저는 그랬습니다.

스스로 자료를 준비하면 예상 질문도 생각나고 전체를 완전히 파악하게 되어 어떤 질문이 나와도 당황하지 않습니다. 리더의 창의력이란 축적된 업무 전문성, 깊게 보는 눈, 통찰력을 통해 방향을 설정하고 업무를 끌어가는 리더십입니다.

답은 늘 현장에 있다

저와 함께 일했던 개발 분야 실무자들은 늘 현장 방문을 습관화했습니다. 제가 굳이 "여기 가서 찾아봐라, 저기 가서 알아봐라." 라고 말하지 않아도, 알아서 현장을 찾아 직접 문제를 발견하고 조치하는 습관을 가졌던 것이지요.

이런 현장 방문의 힘은 회의를 할 때도 확인됩니다. 직접 보고 온 사람과 남에게 듣기만 한 사람의 차이는 확연히 드러납니다. 남을 통해서가 아니라 스스로 보고 듣고 느낀 사람은 생각이 깊습니다. 해결의 실마리를 잡아내고 다음으로 가야 할 길을 술술 찾아갑니다. 직급, 연차, 경험과 상관없이 본인이 할 수 있는 최대치를 뽑아내는 사람들입니다. 어찌 보면 회사에서 가장 필요한 능력과 자질을 갖춘 것이겠지요.

현장에 뛰어나가 일을 해결해본 경험이 쌓이면, 자기도 모르게 창의력의 근육이 단련됩니다. 이 창의력은 때로는 상황 판단력이고, 때로는 순발력이며, 때로는 번뜩이는 상상력으로 발현됩니다. 간혹 직장 생활을 할 때 창의력이 필요하냐는 질문을 받는데 당연히 필요합니다.

직장 생활에서의 창의력을 구체적으로 구분해보면 크게 두 갈래로 나눌 수 있습니다. 하나는 남의 이야기를 듣고 소화한 후 이를 종합할 수 있는 능력입니다. 다른 하나는 다방면에 대한 이해를 통해 현장에서 즉시 발휘되는 종류의 창의력입니다. 제 경우 후자를 좀 더 강조하는 편입니다. 이는 나의 일과 연관된 다른 일을 이해하고, 그래서 나의 일에 어떤 영향을 끼칠지 종합적으로 고려하는 능력입니다. 자연스레 성과를 도출하는 흐름과 연관성을 갖게 되는 것이지요. 이때 성과는 결과 그 자체를 의미하기도 하지만, 그 과정에 참여한 다양한 부서와 사람들이 주고받는 융합의 과정을 가리키기도 합니다.

특히 30대에서 40대로 넘어가는 시기의 직장인에게 창의력은 몹시 중요합니다. 이 시기라면 대부분 중간 관리자를 맡고 있을 겁니다. 즉 실무만 하던 때를 지나, 이제는 다른 사람을 이끌어 문제를 해결하고 결과를 도출해야 하는 시기이지요. 이 시기에 새로운 방향성을 제시하는 창의력을 갖추지 못한다면 도태되는 것은 그야말로 시간문제입니다. 그럼 어떻게 해야 할까요? 답은 역시 현장에 있습니다.

융합의 단서, 창의력의 시작, 새로운 답

처음 갤럭시 노트 시리즈를 개발할 때의 일입니다. 손에 들고 다니는 메모지, 노트와 펜의 감성을 휴대폰에도 적용하면 좋겠다는 생각으로 시작한 프로젝트였습니다. 그런데 펜의 개발에서 답보 상태에 머물러 있었지요.

당시 이 펜에 들어갈 기술을 가지고 있는 기업은 일본의 와콤이었기에, 이곳과의 협업이 절실한 시점이었지요. 하지만 기존에 와콤이 생산하던 펜의 크기를 바꾸고, 휴대폰 안에 들어가도록 모양까지 변경하는 일은 결코 쉽지 않았습니다. 솔직히 안 된다는 의견이 더 많아서 노트의 개발, 생산 자체가 어렵다는 이야기까지 나왔습니다. 그러니 어쩌겠습니까. 가야지요.

바로 와콤을 찾았습니다. 그리고 서로 허심탄회하게 갖고 있는 기술, 앞으로의 전망, 제품의 가능성 등을 가지고 논의했죠. 그 결과, 삼성은 와콤의 펜 기술을 가져올 수 있었습니다. 물론 이 모든 것이 제가 혼자 한 일은 절대 아닙니다. 마지막 설득과 협상은 직접 달려가 했을지라도, 그 이전에 수많은 실무자가 발로 뛴 노력이 쌓였기에 가능한 일이었지요. 그럼에도 불구하고 부정적 의견에 주저앉아 바로 현장으로 가지 않았다면, 펜의 기술을 도입하는 데는 더 오랜 시간과 노력이 들었을 거라는 생각을 합니다.

그래서 저는 상상력이 부족하고 예술적 능력이 없어서 창의성과 거리가 멀다고 하는 사람들에게 조직에서의 창의성은 스스로 노력해서 발굴하고 성장시킬 수 있다고 말합니다. 만약 스스로 창의성이 부족하다고 생각한다면 일단 현장으로 나가면 됩니다. 그곳에 융합의 단서가 있고, 창의력의 시작이 있고, 새로운 답이 존재합니다.

뜨개질과 생각의 공통점

어린 시절 겨울이 되면 어머니는 털실로 장갑이나 양말을 뜨곤 하셨습니다. 뜨개질 전에 실타래를 정리하실 때 보면 그 끝에 핀이 하나씩 꽂혀 있었어요. 시작점인 셈입니다. 이 부분부터 잡아당기면 아무리 긴 실을 말아둔 타래라도 술술 막힘 없이 실이 풀어지곤 했습니다.

창의력은 생각의 시작점을 찾는 것에서부터 출발합니다. 그리고 여기서 창의력의 두 번째 비밀이 나옵니다. 바로 '클루(clue)', 즉 단서이지요. 큰 그림을 보고 방향성을 제시할 단서를 찾아내고 끌어당겨 자기의 생각으로 꾸리는 것이 일에서의 창의성입니다. 똑같은 실타래라도 어떤 것은 양말의 모양, 어떤 것은 장갑의 모양으로 결과가 달라지듯 사람에 따라서 발휘되는 창의력도 달라집니다.

클루, 즉 단서를 찾아내기 위해서는 사유를 잘해야 합니다. 사유는 개념, 구성, 판단, 추리를 가능하게 하는 이성적 능력입니다. 사유를 잘하려면 우선 다양한 지식과 경험이 내재되어 있어야 합니다. 재료가 있어야 결과물이 나오는 것처럼 개념을 잡기 위해서도, 구성을 하기 위해서도, 무언가를 판단할 때도, 추리를 할 때도 단서가 필요한 법이니 말입니다. 즉 사유와 단서는 서로 필요충분조건이라고 할 수 있겠지요.

챗GPT로 인해 한동안 전 세계가 떠들썩했습니다. 인공지능의 놀라운 발전 앞에서 어떤 사람들은 감탄하고 어떤 사람들은 두려워했죠. 이 두려움에는 인공지능이 내 자리를 대신하는 순간이 예상보다 훨씬 빨리 찾아올지도 모른다는 생존의 걱정도 있었습니다. 아마 그 시기는 분명 멀지 않았을 겁니다. 그렇기에 우리는 인공지능이 할 수 없는 것, 오직 인간만이 할 수 있는 능력을 더욱 개발하고 발전시켜야 합니다. '발'로 현장을 뛰어다니며 '단서'를 찾아내는 일 같은 것 말입니다.

05

어디까지
갈 것인가

**회사에 들어온 이상, 사장까지 가고 싶습니다. 너무 큰 목표
일까요?**

이 질문을 받고 우선 마음이 놓였습니다. 무기력이 팽배한 시대
에, 스스로도 크다고 생각할 목표를 품을 만큼의 열정이 있다는 말이니
기쁘고 반갑습니다. 너무 무리한 목표를 세웠다는 생각이 들 수도 있지
만, 그런 목표를 꿈꿀 열정이 있다는 건 감사한 일입니다. 저 역시 삼성 입
사 직후, 사장이라는 단 하나의 목표를 향해 달렸기에 더욱 그렇습니다.

'워라밸'의 진정한 의미

결혼 전 아내는 제게 이런 질문을 했습니다.

"삼성에서 어디까지 가고 싶은 거예요?"

저는 한 치의 망설임도 없이 답했습니다.

"사장이 되겠습니다."

나중에 알게 되었지만 그때 아내는 제 대답을 듣고 많이 놀랐다고 합니다. 한편으로는 이런 사람이면 믿을 수 있지 않을까 하는 신뢰도 생겼다고 하네요. 그 대답 이후 아내는 제 목표를 인정해주고 헌신적으로 지지해주었습니다. 이후 사장이 되었을 때 꽃다발과 함께 "결혼 전 약속을 지켜주어 고맙다."라는 편지를 주기까지, 제가 달려나가는 데 있어 아내는 한 번도 브레이크를 걸지 않았습니다.

그렇습니다. 저는 삼성 입사 직후 사장이라는 목표를 세우고, 오직 그 하나의 목표를 향해 달렸습니다. 목표 달성에 도움이 되지 않는 것은 제 삶에서 완전히 지워버린 시간을 보냈지요.

간혹 기성세대 입장에서 요즘 세대를 보며 "워라밸만 찾는다.", "할 일은 하지 않고 권리만 찾고 있다.", "이기적이다." 등등의 말을 하곤 합니다. 그런데 워라밸이 나쁜 것일까요? 저는 '일과 삶의 균형'은 반드시 필요하다고 봅니다. 다만 제가 생각하는 일과 삶의 균형은 보통의 정의와는 조금 다르긴 합니다. 제게 있어 워라밸은 '바라는 목표를 달성하기 위해 일과 삶을 모두 균형 있게 투자하는 것'을 의미했습니다. 즉 회사에서뿐 아니라 집에서도, 일할 때뿐 아니라 일하지 않을 때도 목표를 생각하고 추구하며 노력하는 것이 저의 위라밸이었지요.

사실 저는 '일'과 '삶'을 구분하는 것이 다소 이상하게 느껴집니다. 우리는 일하면서 살아가고 또 살아가기 위해 일합니다. 일과 삶은 따로 떼어놓고 생각할 수 있는 별개의 것이 아니라 늘 함께 갈 수밖에 없는 하나의 세트입니다. 일은 삶을 구성하는 영역 중 하나인데, 이 둘을 명확히 구분하려고 하는 것이 과연 맞는 일인지 의문이 드는 이유입니다.

게다가 제 눈에는 일은 안 하고 워라밸만 찾는 친구들이 별로 보이지 않습니다. 제가 본 요즘 세대는 오히려 자기 목표를 중요시하고, 그 목표를 이루기 위한 노력을 기꺼이 받아들이며 즐거워하는 이들이 대부분이었습니다. 특히 이 책을 읽고 있는 사람이라면 더욱 그러하리라 생각합니다. '오직 일로 성공하기 위한 사람들을 위한 책'이라는 설명을 보고도 이 책을 집어 들었다면 열정과 성취욕이 충만한 사람들일 테니까요.

자기 목표와 기준이 확실한 사람들은 워라밸의 기준도 명확합니다. '모두가 쉴 때 쉬는 것, 함께하는 일보다는 개인의 시간을 최대한 확보하고 누리는 것'이 워라밸이라는 식으로 남들의 기준을 따르지 않습니다. 저 사람이 논다고 해서 나도 놀아야지 하는 것은 진정한 워라밸이 아닙니다. 다시금 강조하지만 진정한 워라밸은 목표를 위해 삶과 일을 균형 있게 조화시키는 것입니다.

'노력'을 '실력'으로 만드는 1.5배의 법칙

사실 저의 20~30대는 지금 세대가 사는 삶의 형태와는 비교가 어렵습니다. 1980~1990년대는 토요일도 법정 근무일이었고, 일요일 오후에도 밀린 일이 있으면 출근하는 게 자연스러웠으니까요. 또 저의 경우 입사 때부터 늘 동기들보다 부족하다고 생각했기에, 그들이 여덟 시간 일하면 전 열두 시간을 일했습니다. 퇴근 후에도 늘 공부했고요. '1.5배의 법칙'이라고 할까요? 두 배의 노력까지는 아닐지언정, 적어도 남들보다 1.5배는 열심히 해야 남들만큼은 할 수 있겠다는 생각이었습니다. 남들만큼도 하지 못하는 건 자존심이 상하니 남들보다 더 열심히 했고, 그러다 보니 나중엔 남들보다 잘하게 되더군요.

그렇게 3~4년을 일하다 보니 자연스레 상사는 제게 신뢰를 보이며 크고 중요한 업무들을 맡겼습니다. 대리인 제게 과장 이상에게만 주어지는 직원들의 인사 평가권까지 넘겨줄 정도였으니, 그보다 큰 신뢰는 없었겠지요. 저는 그것이 부담이기는커녕 오히려 힘이었습니다. 그 신뢰에 걸맞게 일해야겠다는 책임감에, 집에 있는 시간이 거의 없어도 피곤함을 느끼지는 못했습니다.

물론 저도 사람이기에 당연히 힘이 들긴 했습니다. 특히 1990년도에 들어서 가정을 꾸린 후에는 일과 휴식의 밸런스를 심각히 고민하게 되었지요. 집에서 보내는 시간을 늘려보려고 노력했지만 생각만큼 쉽지는 않았습니다. 일주일에 한두 번 집에서 저녁을 먹거나 외식을 하기는 했어도 주말 출근은 여전했습니다. 아이가 태어난 후에도 함께하는 시간을 충분히 갖지는 못했습니다. 나름대로 아이를 유치원에 데려다준다든가, 아무리 바빠도 여름휴가는 꼭 간다든가 하는 노력을 하긴 했지요. 하지만 아이들이 큰 후에 물어보니 아빠와의 추억이 별로 없다고 하더군요. 물놀이도 스키장도 모두 엄마, 이모, 이모부와 함께였다는 말에 좀 서운하기도 했지만 어쩔 수 없는 일이지요. 그때나 지금이나 묵묵히 응원하면서 지켜봐주고 새벽밥 먹고 출근하게 도와준 아내에게 고마울 뿐입니다.

영국 주재를 마치고 2006년 한국에 돌아오면서 삶은 더욱더 일로 채워졌습니다. 이때부터는 정말 매일매일이 전쟁 그 자체였습니다. 당시 휴대폰 시장이 노키아와 모토로라로 양분되어 있는 가운데 삼성은 성장하고 있는 상황이었습니다. 그리고 더욱 성장해야 했습니다. 하루 24시간이 너무 부족했습니다. 해외 출장으로 나가 있는 시간이 국내에 머무는 시간보다 더 많아졌습니다. 말 그대로 매일 24시간, 일주일에 7일을 일하던 시기였습니다. 이후 10년 가까이 이런 생활이 지속되었죠.

몸은 파김치였어도 정신만은 선명할 수 있었던 이유는 목표 의식이 있었기 때문입니다. 조금만 더 하면 일등을 할 수 있다는 최고경영자의 목표 아래, 모두가 똘똘 뭉쳐서 달려나갔던 시기였기에 가능한 일이었지요. 결국 삼성의 휴대폰은 빠른 성장을 달성해냈고 회사는 물론 국가 경제에도 일익을 담당했습니다.

이렇게 지난 시절을 되돌아본 까닭은 제가 생각하는 워라밸이 무엇인지를 제대로 정의하고 싶어서입니다. 누군가의 워라밸은 '지금 놀 것 놀고 즐길 것을 즐기는 것'일지 모르겠지만, 제 워라밸은 그게 아니었습니다. 앞에서도 이야기했지만 제 워라밸은 목표 달성을 위해 일과 삶을 모두 투여하는 것이었습니다.

저는 학교에 다닐 때도 벼락치기가 통하는 타입이 아니었습니다. 꾸준히, 열심히 해야만 그 노력만큼의 성과를 정직히 거두는 타입이었죠. 회사 생활도 많은 것을 갖추고 시작한 게 아니었습니다. 당연히 제 선택지는 '성실하고 꾸준하게, 원칙대로 열심히'일 수밖에 없었습니다. 다만 사장 외에 개인적인 목표가 한 가지 더 있긴 했습니다. '50세가 넘어서는 좀 여유롭게 살고, 적어도 경제적으로 내 식구들과 부모 형제를 챙길 수 있는 사람이 되자.'였지요. 사장이라는 목표를 위해서도, 50세 이후의 여유를 위해서도 당장은 열정적으로 일할 수밖에 없었던 겁니다.

'내' 삶의 기준을 '남'에게 맞추지 마라

이쯤에서 묻고 싶습니다.

회사에 들어온 이상, 혹은 사업을 시작한 이상 어디까지 가고 싶은가요?

궁극적인 목표, 최종적인 종착지를 그리고 있습니까?

자기만의 목표가 확실히 있다면 주변에 흔들릴 이유가 없습니다. '다른 사람들은 회사 생활보다 개인 시간을 더 중시하고 여유롭게 즐기며 사는데, 나만 너무 바보같이 헌신적으로 일하는 건가?' 하고 고민할 이유가 없지요. '내' 삶의 기준을 '남'에게 맞출 필요가 무엇이겠습니까? 저 역시 반드시 사장이 되고, 또 50세 이후에는 경제적으로 가족을 챙기겠다는 목표를 세우고 달성했습니다. 이건 누가 정해준 것이 아닌 제 기준, 제 목표였습니다.

본인의 선택입니다. 그 기준에서부터 방법까지 오롯이 본인이 설정하고 선택해야 합니다. 저는 열정을 가진 당신을 응원합니다. 때문에 남들이 말하는 기준에 당신을 맞추지 말 것을 권합니다. 내 인생의 기준은 내가 세워가는 것임을 기억하기 바랍니다.

목표를 향해 열정적으로 달려갈 때 한 가지 주의할 점은 자기 열정의 종류를 살펴봐야 한다는 겁니다. 특히 회사를 다니는 사람이라면, 사적인 열정인지 아니면 회사와 일을 위한 열정인지를 구분해야 합니다. 함께 일하다 보면 그 사람의 열정이 정말 일에 대한 순수한 의욕인지, 아니면 오직 사적인 만족을 채우기 위한 욕심인지가 보이곤 합니다. 후자는 회사보다는 개인을 알리고 싶고 성과를 통해 자신을 과시하고 싶어 하는 경우인데, 일을 정말 잘하고 똑똑한 사람들이 가끔 이런 선택을 하곤 합니다. 그래서 '이기적인 사람'이라는 꼬리표를 달곤 하지요.

열정은 직장인의 필수 덕목입니다. 반드시 갖춰야 하는 것이지요. 빠른 속도로 일을 처리하는 것만큼이나 중요합니다. 하지만 그 열정은 반드시 순수해야 합니다. 선배, 상사는 바보가 아닙니다. 후배 역시 눈치가 없지 않습니다. 당연히 순수한 열정을 가진 사람을 더 응원하고 지지하게 되어 있습니다. 순수한 열정으로 일하는 사람은 조직과 회사의 발전, 나아가서 국가 경제까지 생각하지요. 또 함께 일하는 동료와 후배에게 성과를 돌릴 줄 알고요. 그리고 결국 '열정과 성과의 선순환', '나눔과 칭찬의 선순환'을 통해 그 모든 것이 자신에게 돌아옵니다. 내 삶의 기준을 남에게 맞출 필요는 절대 없지만, 내 일과 삶에서 남을 제외해서는 안 되는 이유입니다.

06

목표 달성의 세 가지 포인트, STM

목표를 잘 세우고 제대로 실행하는 방법이 있을까요?

목표의 설정과 달성에 있어서는 세 가지 포인트가 중요합니다. 스피드, 타임, 머니가 그것입니다. 즉 빠르게 목표를 설정하고, 시간을 철저히 관리해 목표를 달성하며, 자금 관리를 통해 바른 방향을 계속 추구할 수 있어야 합니다.

스피드─타임─머니, STM의 비밀

일에 접근하는 방식은 크게 두 가지로 나눌 수 있습니다. 규범적 접근(normative approach)과 탐색적 접근(exploratory approach)입니다.

우선 규범적 접근이란 일의 목표가 뚜렷하고 그 일을 달성하기 위한 일정, 과정, 참고 대상 등 모든 것이 비교적 명확한 상태에서 '무엇'을 할 것인지에 집중하며 열심히 노력하는 식으로 접근하는 방법입니다. 그리고 탐색적 접근이란 추구하고자 하는 것은 어느 정도 정해져 있으나 목표 자체가 뚜렷하지 않은 상태에서, 단계를 몇 번 거치면서 목표를 점차 가시화하거나 수정 혹은 변경하는 식으로 접근하는 방식입니다.

둘 중 무엇이 더 좋은 접근법이라 단정할 수는 없으나, 두 가지 모두 목표가 중요하다는 사실은 분명합니다.

제 경험과 걸어왔던 길을 돌이키는 것이 어쩌면 지금 시대와 맞지 않을 수 있다는 생각이 들기도 합니다. 그럼에도 제 이야기가 성공을 꿈꾸는 사람들 몇 명에게라도 도움이 되길 바라며, 질문에 대한 답을 이야기해봅니다. 흔히 어른들의 얘기는 "그때는 그랬겠지요."라고 헌 이야기 취급을 하기 쉽습니다. 그래서 '꼰대'라는 말도 나오고 '라떼는' 같은 표현도 생기는 것이겠죠. 그럼에도 불구하고 진솔하고 성실한 진리는 시간에 상관없이 그 가치를 지니고 있다는 것, 그 사실은 인정해주었으면 합니다.

저 역시 완벽하지 않기에 제가 세운 목표와 실천 방법이 맞지 않을 수도 있습니다. 하지만 그럼에도 저의 세 가지 포인트는 충분히 응용할 만한 것이라 생각됩니다. 이는 바로 '스피드(speed) — 타임(time) — 머니(money)', 즉 STM입니다.

첫째, 목표 설정에서는 속도가 중요합니다.

먼저 스스로 회사 내에서 어디까지 가고 싶은지 목표를 분명하게 하고, 이에 따른 실천 방안을 같이 고민하는 일이 중요합니다. 목표 설정은 빠를수록 좋은데 저의 경우 1984년 삼성에 입사하면서 '나는 꼭 최고까지 올라가겠다.'라는 목표를 세웠습니다. 앞에서도 말했듯 사원 시절부터 사장을 꿈꿨던 것이죠. 최종 목표를 빠르게 설정해야 중간에 헤매거나 방황하는 일 없이 한길로 나아갈 수 있습니다. 목표를 빨리 세울수록 그 목표에 빨리 도달할 수 있는 것이죠.

저는 입사 후 연수원에서 삼성의 경영 이념, 철학을 배우면서 정말 열심히 했습니다. 스펀지처럼 선배들의 이야기를 빨아들이기 바빴죠. 또 반도체통신연구소 개발관리팀에 배치된 후에는 물불 가리지 않고 일했던 기억이 있습니다. 입사 2년 차가 될 때까지는 정말 앞만 보고 달리다가 1985년 12월 30일, 일과 삶에서의 터닝 포인트를 맞이했습니다.

당시 이병철 창업 회장님은 매년 일본 도쿄에서 신년 구상을 하셨습니다. 저는 병역 특례 입사로 인해 여권 만들기가 쉽지 않아, 일본은 가지 못하고 부산에서 혼자 신년 구상을 해보았습니다. 이틀을 꼬박 부산 동래장 여관에 틀어박혀 지난 2년간의 삼성 생활을 돌이켜보고 제 수준과 상태를 분석했습니다. 삼성에서 사장이 되기 위해서는 무엇을 해야 하는지 갭(gap) 분석을 한 것이죠. 이렇게 사업 계획을 세우듯 인생 플랜을 짠 것이 사회생활의 중요한 터닝 포인트가 되었습니다.

둘째, 목표 달성에 있어 시간 관리는 생명입니다.

'최고'라는 목표를 위해 저는 제가 가진 시간을 최대한 활용하기로 했습니다. 시간 관리는 주중 약속 중 사적인 것들을 최대한 자제하는 데서부터 시작했습니다. 자유 시간은 토요일 오후 7시부터 일요일 새벽 2시까지로 한정했죠. 이때도 마냥 쉬는 것이 아니라, 영어 회화 모임에 참석한다든지 주한 미군 클럽을 간다든지 하면서 영어 공부의 시간으로 활용했습니다.

그리고 늘 퇴근하기 전 그날 하루를 스스로 평가하고, 다음 날 계획을 시간별로 수립해서 제 자신을 관리하는 틀로 활용했습니다.

처음 몇 주는 힘들었지만 이후에는 저를 독려하고 응원하는 수단이 되더군요. 물론 업무 관리를 하는 데도 큰 도움을 받았습니다. 앞에서 말한 바 있는 투 두 리스트가 이것입니다. 집중력을 극대화하고 결과를 만들어내는 데는 시간 단위로 일을 관리하는 이 방법이 가장 효율적이라고 생각합니다.

셋째, 목표를 추진하려면 여유가 있어야 합니다.

재산 관리는 사실 그때와 지금의 사정이 많이 다르기에 말하기가 조심스러운 부분입니다. 당시 제가 처음 받은 급여는 23만 원이었고, 3개월쯤 지나니 약 26만 원이 되었습니다. 입사 1년이 된 후 월 5만 원을 내고 재형 저축이라는 5년짜리 적금을 들었습니다. 당시 월급 수준을 생각하면 상당한 금액을 적금에 투자한 것이지요.

어느 정도의 재산이 없으면 마음에 여유가 사라집니다. 여유가 없으면 당연히 바른 생각을 하기가 어려워집니다. 단순히 편안하게 화려한 삶을 영위하기 위해서가 아니라, 바른 마음으로 잘 살기 위해 재산 관리가 필요하다는 사실을 명심해야 합니다.

재산은 단지 금전적인 것만을 의미하지 않습니다. 가진 것이 많지 않은 사람에겐 몸 또한 중요한 자산이지요. 그래서 저는 신년 구상을 하고 부산에서 올라오자마자 지금까지 이어져온 아침 운동을 시작했습니다. 어머니께 부탁드려 주말마다 보양식도 챙겨 먹었습니다. 그리고 그때부터 월급의 10퍼센트는 무조건 몸과 정신의 건강에 투자하는 비용으로 할애했습니다.

제일 큰 무기는 '나 자신'이라는 신념

무엇보다 제가 가장 중요하게 생각했던 것은 바로 언어능력이었습니다. 어학 능력에 대한 얘기는 하고 또 해도 부족할 정도로 강조하고 싶은 항목입니다.

그저 주변과 비슷한 수준이 아니라, 외국인과 자연스럽게 대화가 가능하고 여기에 글로벌 매너까지 갖추는 것을 목표로 삼아야 합니다. 이런 능력을 가지고 있다는 사실이 알려지면 선배나 상사는 분명 그 사람을 계속 키울 인재로 점찍고 지원해주기 마련입니다. 나아가 타 부서에 뺏기지 않기 위해 계속 성장의 기회를 주게 됩니다.

뒤에서 자세히 이야기하겠지만, 저는 신입 사원 시절 어떤 일을 계기로 일어 공부에 매진하게 되었습니다. 당시 퇴근하고 집에 오면 밤 11시 정도였는데, 그때부터 한 시간에서 한 시간 반은 무조건 일어 공부에 투자했습니다. 주말에는 어머니와 일어로 대화하면서 회화에도 익숙해지고자 노력했습니다. 어머니는 일제강점기 때 포목

점 점원으로 일한 경험이 있어 일본어가 능숙했고 그 도움을 크게 받았습니다. 영어 역시 이태원이나 주한 미군 클럽을 다니며 회화를 익히는 것은 물론, 시간을 쪼개서 계속 문법 등을 공부하기를 게을리하지 않았습니다. 어학을 공부하다 보니 자연스레 해당 언어와 관련된 지역에 대한 지식도 필요해졌고 그렇게 읽기 시작한 것이 인문학, 교양, 역사 서적들이었습니다.

제 경우 지금처럼 다양한 방법이 없어서 책을 보고 독학하거나 영어를 쓸 수 있는 곳을 찾아다니며 공부했지만, 요즘은 앱에서부터 여러 학습 도구까지 하려고만 하면 얼마든지 어학 능력을 향상시킬 수 있는 방법과 기회가 있습니다.

어학 능력은 내 지갑에 들어 있는 열 장의 10만 원짜리 수표라고 생각하면 됩니다. 지갑에 만 원짜리 열 장이 들어 있을 때와 수표 열 장이 들어 있을 때, 아무래도 마음의 여유가 다를 수밖에 없겠지요. 돈이 삶의 전부는 분명 아니지만, 삶의 중요한 일부임은 부인할 수 없는 사실입니다. 그런데 놀라운 사실은 어학 능력이라는 수표는 써도 써도 줄어들지 않는다는 것입니다. 게다가 이자도 복리로 붙습니다. 마르지 않는 화수분을 내 안에 간직하게 되는 것이지요.

어학 능력은 그저 내 마음을 든든하게 해주는 데 그치지 않습니다. 다른 사람들로 하여금 날 필요로 하게 하고 찾게 만듭니다. 선배나 상사 입장에서 보면 외국어를 잘하는 후배는 탐나는 인재입니다. 당연히 일을 잘하는 것이 첫 번째 조건이지만, 여기에 어학 능력이 더해지는 순간 '내 사람으로 만들고 싶은 후배'가 됩니다. 특히 직장은 만천하에 모든 것이 드러나는 곳이라, 이런 사람은 조금만 지나도 금세 소문이 파다하게 퍼집니다. 당연히 더 큰 조직이나 부서에서 탐을 내게 되고 여기저기에서 스카우트 제의, 러브 콜을 받게 됩니다. 그만큼 기회가 늘어나는 것은 당연한 수순입니다. 저는 이렇게 키운 어학 능력을 바탕으로 회사에서 보내주는 해외 유학의 기회를 잡았습니다.

만약 목표를 세우고 성장하고 싶은데 당장 해야 할 것이 막연하면, 저는 일단 어학부터 잡고 상당한 수준에 오를 때까지 매진하라고 권합니다. 시간이 지나도 사라지지 않고, 살면서 매 순간 큰 도움을 주는 것은 내 안에 내재된 학습의 결과물밖에 없습니다. 결국 제일 큰 무기는 나 자신이라는 신념으로 도전해보기를 바랍니다.

07

'최선'은 과정일 뿐
'최고'로 증명하라

노력의 한계는 어디일까요?

절실함은 때로 길 옆의 길을 알려줍니다. 정도(正道)를 걷기만 해도 모든 것이 술술 풀리면 참 좋겠지만, 안타깝게도 조직 생활은 그렇지 않습니다. 때로는 지름길로 뛰어가야 할 때도 있고, 가끔은 없는 길을 만들어서라도 가야 합니다. 그 과정이 모두 노력이겠지요. 하지만 노력의 과정만으로는 부족합니다. 결과로 보여줄 때만 비로소 노력이 결실을 맺을 수 있기 때문이죠.

즉시, 그리고 반드시

제가 입사 1~2년 차 때의 일입니다. 당시 발령받은 팀이 반도체 통신연구소 소속이었는데, 연구소가 설립된 지 얼마 되지 않았던 시기라 인사와 더불어 총무 업무까지 병행해야 했습니다. 거기에 사무실 정리 정돈을 위해 칠판을 지우는 일부터 명절 때 회사에서 나눠주는 설탕, 조미료 같은 선물을 개인에게 나눠주는 일도 했습니다. 흔히 잡일이라고 말하는 일들이었지요.

사실 잡일을 하고 싶어 하는 사람은 없을 겁니다. 일로 성공하고 싶은 사람이라면 더욱 그렇겠지요. 어서 빨리 성과를 올리고픈 마음에 중요한 일, 큰일을 해보고자 하는 욕심이 있을 겁니다. 하지만 저는 일로 성공하고픈 사람일수록 작은 일도 소홀히 하지 않아야 한다고 생각합니다. 당시 저는 이 일들을 하면서 지치기보다는 나름 그 안에서의 흐름을 읽어보려고 했습니다. 하다못해 '우리 회사에서 명절에 나가는 선물의 규모가 이 정도구나.'라는 것도 알아두면 언젠가는 쓸모가 있겠거니 했습니다. 사장이 목표였으니 '사장이라면 이런 규모도 알아야지.' 했던 거죠.

그렇게 묵묵히 제 나름대로 노력의 시간을 쌓아가던 어느 날, 전무님이 저를 찾는다는 연락을 받았습니다. 입사 1~2년 차를 부르는 일은 극히 드물어 무슨 연유인지 궁금해하며 회의실로 들어갔는데, 열 명 남짓한 개발자들이 앉아 있더군요. 그런데 저를 보자마자 전무님이 이렇게 말씀하시는 겁니다.

"개발자들이 당장 일본을 가야 하는데, 여권을 만드는 데 얼마나 걸리나?"

당시 개발자들은 특례 입사가 많았고 과학기술처, 외무부 등의 도움을 받아 단수여권을 발급받아야 했습니다. 보통 4~6주 정도 걸리는 일이었죠. 그런데 회의 중 누군가 제 이름을 언급하며, 그 친구에게 한번 부탁해보자는 의견을 낸 모양이었습니다. 그동안 제가 일하는 모습을 지켜본 사람 중 하나였겠지요.

저는 가타부타 말하지 않고 가장 빠른 시간 안에 만들어보겠다는 대답과 함께 회의실을 나왔습니다. 그리고 자리에 돌아온 즉시, 할 수 있는 방법을 다 알아보고 수소문했습니다. 그 결과 열흘 남짓한 시간 안에 여권을 발급받을 수 있었죠. 보통 노력이라고 하면 '열심', '성실' 같은 단어들을 떠올립니다. 물론 중요한 요소들이죠. 하지만 '최선'은 과정일 뿐입니다. 노력이 빛을 발하려면 결과를 내야 합니다. 즉 '최고'의 결과로 증명할 때에만 노력이 헛되지 않은 것입니다. 저는 상사가 바란 최상의 결과, 즉 빠른 여권 발급을 실현했고 덕분에 그 노력을 인정받을 수 있었습니다.

노력도 내공이 필요합니다. 무작정 파고드는 노력은 힘들고 지치기만 할 뿐 성과까지 이어지기가 어렵습니다. 그래서 노력을 할 때는 반드시 목표를 정해두어야 합니다. 막연한 목표라도 도달할 지점이 하나 정해지면, 내가 하는 모든 일이 그 지점과 연결되면서 내 성장을 돕습니다.

사실 당시에는 '입사 동기들이 해외로 출장을 다닐 때 난 뭐 하고 있나.' 싶은 좌절감이 밀려들기도 했습니다. 하지만 이는 잠시뿐이었습니다. 실망하고 자책할 시간에 좀 더 열심히 노력하는 편이 보다 현실적이고 건설적이었으니까요. 저는 '지금 내가 이 자리에서 할 수 있는 노력은 빠른 시간 안에 개발자 동기들의 손에 여권을 쥐어주는 것'이라고 생각하며 최선을 다했습니다. 그 노력은 제가 할 수 있는 것이었고, 해야 하는 것이었습니다. 이후 그 친구들을 부러워했던 마음이 무색하게 1년의 반을 외국에서 보내는 출장 가득한 삶을 살게 되었으니, 인생은 참 알 수 없는 듯합니다.

여하튼 당시 제게 그 '미션 임파서블'이 주어졌던 건 늘 빠르게, 최선을 다해 일하는 저의 평소 모습을 눈여겨본 사람 덕분이었습니다. 그 말인즉슨 내가 지금 하고 있는 일이 아무리 사소하더라도, 조직에서는 그 일에 기울이는 노력을 보고 있는 사람이 있다는 겁니다. 그래서 언제나 즉시, 빠르게, 최선을 다해야 한다는 것이지요.

물론 노력을 해도 안 되는 일이 있을 수 있습니다. 하지만 노력을 할 만큼 했을 때 아무것도 남지 않는 경우는 없습니다. 그 과정에서 반드시 흔적이 남고, 그 흔적이 훗날 내 삶에 도움이 되는 것은 확실합니다.

연구원들의 이탈을 막은 일곱 번의 가정방문

노력은 어떻게든 흔적을 남긴다고 했습니다. 노력에는 무게가 있기 때문입니다. 그 무게의 정체는 책임감일 수도 있고 절실함이나 절박함일 수도 있습니다.

2000년 초 저는 유럽 현지법인의 인사 노무를 담당하는 인사 팀장으로 발령받아 영국으로 갔습니다. 당시 삼성은 유럽 곳곳에 현지법인을 운영하고 있었는데 그중 영국에는 휴대폰, 디지털TV 소프트웨어를 개발하는 연구소가 있었습니다. 인사팀장으로 발령받았지만 현지 사정으로 인해 연구소장을 겸직해야 했죠.

전임 연구소장이 4년 넘게 근무하다 다른 회사로 이직한 상황이라 연구소 분위기는 어수선했습니다. 어떻게든 분위기를 수습하고자 오전에는 인사 업무를, 오후에는 연구소 업무를 하고 퇴근 후에는 다시 인사 업무를 하며 안정에 총력을 기울였습니다. 그런데 어느 날, 가슴이 쿵 떨어지는 얘기가 들려왔습니다.

현지 책임자를 중심으로 창업을 하려는 움직임이 있다는 거였습니다. 당시 연구소에서 개발하던 'GSM 3G 프로토콜'*은 유럽과 미국의 크고 작은 회사에서 앞다투어 뛰어들던 분야였기에, 현지 책임자와 간부들 입장에서는 충분히 창업을 꾀할 만했습니다. 거기에 전임 소장이 퇴사하고 기술에 대해 잘 모르는 제가 소장이라고 부임해서는 계속 물어보고 듣고 또 물어보는 것이 답답하고 못 미더웠겠지요.

막막함이 밀려왔습니다. 이걸 어떻게야 하나 막막하기만 하던 그때 제 마음속에 떠오른 말은 "호랑이를 잡으려면 호랑이 굴로 들어가야 한다."는 것이었습니다. 그렇습니다. 저는 호랑이 굴, 즉 현지 책임자를 뺀 간부들의 집을 방문하기로 했습니다. 제가 이런 의견을 말하자 주재원은 물론, 현지 인사 업무를 하고 있는 영국인까지 모두가 하나같이 펄쩍 뛰며 반대했습니다. 그들의 정서에 맞지 않는다는 거였죠. 제가 그걸 몰랐겠습니까. 하지만 아무리 머리를 굴려도 제가 할 수 있는 노력은 그것뿐이었습니다.

처음 찾아간 곳은 소프트웨어 리더의 집이었습니다. 런던 북쪽으로 한 시간 정도 떨어진 곳이었는데, 도착하고 나니 저녁 8시가 넘

---

* 2G가 voice call을 중점으로 다룬 소프트웨어라면, HSD(high speed data) 처리를 염두에 두고 첫 번째 표준으로 정한 프로토콜이다. (2G: 115kbps, 2.5G: 342kbps, 3G: 14.4mbps.)

었더군요. 장거리 운전이라 기사를 대동하고 갔는데, 조금 떨어진 곳에 기사와 차를 대기시키고 리더의 집 앞으로 가서 전화를 했습니다.

"창밖을 봐. 내가 있을 테니까."

농담으로 듣더군요. 하지만 곧 어둠 속에서 서성이는 저를 보고 소스라치게 놀라며 집으로 들였습니다. 걱정했던 것보다는 의외로 싫어하는 눈치가 아니었습니다. 그는 영국에서 태어난 인도계 사람이었습니다. 국적은 영국인이었으나 정서는 인도인이었지요. 그와 그의 아내까지 셋이 이야기를 나누는데 아내가 소반 비슷한 것에 음료와 땅콩을 내왔고, 그는 두 손으로 무릎을 꿇고 제게 맥주를 따라주었습니다. 깜짝 놀라서 왜 이러냐고 했더니 한국 출장을 자주 다녔고, 윗사람에게 무언가를 따라줄 때 이렇게 하는 것을 봤다고 했습니다. 다소 부담스러운 것도 사실이었지만, 한국에서 접한 모습을 따라 하는 그의 태도에 마음이 놓이기도 했지요.

그날 저는 그 사람과 정말 많은 이야기를 했습니다. 물론 부인에게 당신의 남편이 얼마나 중요한 사람인지, 그가 하는 일이 얼마나 중요한지도 진심을 다해 전했습니다. 그렇게 한참 동안 얘기를 나누고 집으로 돌아오는 길, 한 시간 반이 넘는 거리였지만 피곤함은 전혀 없었습니다.

그 방문을 시작으로 저는 매주 한 명씩 돌아가며 간부들 집을 방문했습니다. 그리고 꼭 부인을 동석해서 식사를 하며 꽃다발과 와인을 전해주었습니다. 처음에는 제 절박함으로 시작한 일이었지만, 제가 모르던 개인의 면면을 보게 되니 이해의 폭도 넓어지고 다양한 부분을 파악하는 계기가 되더군요.

두 시간이 넘는 거리인 켄트에 사는 사람도 있었는데, 집에서 낡고 작은 냉장고를 쓰는 것을 보고 임직원 가격으로 좋은 제품을 살 수 있게끔 해주기도 했습니다. 이런 일들이 반복되니 간부들뿐 아니라 그들의 부인들까지도 저에게 마음을 열기 시작했습니다. 오죽하면 한 부인은 제게 이러더군요.

"DJ! 제 남편이 딴짓하거든 바로 저한테 말하세요! 제가 해결할게요!"

부인과 함께 식사하는 자리를 마련하고, 그들에게 남편이 얼마나 필요한 인재인지를 설명했던 노력이 조금씩 빛을 발하는 듯했습니다. 한번은 켄트에 살던 친구가 출퇴근이 힘들다는 이유로 사표를 냈습니다. 그의 상사는 사표를 수리했지만, 저는 이 친구를 꼭 잡고 싶어 마지막 면담을 했습니다. 그 자리에서 일주일에 이틀은 재택근무를 하는 방안을 제시했지요. 그리고 바로 부인에게 연락했습니다. 저에 대해 좋은 기억을 가지고 있던 부인은 제 전화를 반기면서 이러더라고요.

"DJ! 진작에 전화하지요! 내가 알아서 할게요. 이틀 재택이면 충분합니다!"

그때는 정말이지 지금 생각해도 더 이상은 할 수 없을 만큼 최선을 다했습니다. 내가 해야 한다고 생각하는 것, 그 이상을 하는 것이 진정한 노력이라고 여겼기 때문입니다. 마침내 찾아온 마지막 가정방문. 파키스탄계 영국인의 집에서 아이들과 탁구도 치고 함께 밥도 먹었습니다. 그런데 그 사람이 저를 가만히 보더니 이렇게 말하더군요.

"DJ, 당신이 그동안 누구 집에 갔었는지 다 압니다. 더 이상 안 다녀도 돼요. 창업, 못 할 겁니다."

그 소리를 듣는 순간, 저는 그만 눈물을 흘리고 말았습니다. 그리고 물어봤습니다.

"어찌 보면 내가 몹시 무례한 일을 한 것일 텐데 어떻게 이해했죠?"

그러자 그는 제 의도를 이해했고 제가 소장으로서 할 일을 하고 있다고 생각했다는 대답을 해주었습니다. 간부들 사이에서 "너희 집 왔어?", "우리 집 왔었어.", "다음에는 누굴까?" 하는 얘기들이 오갔다는 사실도 알게 되었습니다.

그렇게 한 달 반 동안 간부 일곱 명의 집을 하나씩 돌아다니며 설득했고 결국 창업을 막을 수 있었습니다. 그리고 이 일을 계기로 사람 사이의 진심은 통하고, 그 진심을 바탕으로 한 절박한 노력은 좋은 결과를 가져온다는 사실을 깨달았습니다. 그리고 1년 뒤 저는 인사 업무는 후임자에게 맡기고 연구소장직에 모든 에너지를 투여했습니다. 그때 제가 잡은 인재들이 큰 도움이 된 것은 물론이었지요.

영국 연구소 근무가 없었다면 지금의 저는 없었을 겁니다. 그후로 2006년 북미 상품기획, 2007년 개발관리, 2012년 기술전략 등 다양한 직무가 저를 늘 긴장하게 했습니다. 직장 생활에서의 성장은 직장인의 의무입니다. 구성원이 성장하지 못하면 조직도 성장할 수 없기 때문이지요. 그러니 성장하십시오. 그리고 성공하십시오. 최선이라는 과정에 안주하지 말고 최고라는 결과로 스스로의 성장을, 그리고 성과를 증명할 수 있는 여러분이 되길 바랍니다.

博而精*

————————

2.

성과경영

직장은 일을 하는 곳이고, 내가 자기 계발을 하는
학교가 아닙니다. 당연히 성과에 대한 의무와 책임이
주어지고, 이를 살펴보는 선배와 상사가 있습니다.
개인에게 주어진 24시간을 자기가 원하는 대로 쓰는 건
그야말로 자유입니다. 하지만 적어도 회사 내에서는,
즉 내 시간과 노동을 투여하고 그 대가를 받는 동안에는
일에 집중해야 합니다. 그것이 회사에 들어가는 순간부터
나와 회사가 맺은 계약이기 때문입니다.

* **博而精(박이정)**
  '여러 방면으로 넓게 알 뿐 아니라 한 분야는 깊게 아는' 것이 중요하듯,
  성과를 내기 위해서는 멀티플레이어가 되는 동시에
  스페셜리스트가 되어야 한다.

08

위기를 극복하는 단 하나의 방법, 배수진 전략

무너질 것 같은 위기는 어떻게 극복할 수 있을까요?

돌이켜보면 저의 경우 직장 생활을 하면서 겪은 가장 큰 시련은 아마 갤럭시 노트7 단종 사태가 아닐까 싶습니다. 오롯이 모든 책임을 짊어져야 했던 그때, 기댈 곳이 없어서 어떻게든 버텨야 했습니다. 그래서 배수진을 칠 수밖에 없었지요.

'죽을 각오'로 산다는 것

2016년에 벌어진 갤럭시 노트7 사고는 아직도 많은 사람들이 기억하고 있고, 스스로도 가장 큰 고난이었다고 생각하는 사건입니다. 사장이 되고 1년이 채 되지 않아 벌어진 일이었고, 한 번도 겪어보지 못한 종류의 일이라 처음에는 아찔하기만 했습니다.

주변에서는 사업의 위기라고 했습니다. 해외에서도 "crisis"라고 했습니다. 그 당시 잠도 잘 수 없었고 혼자 사무실에서 눈물을 흘리며 '도대체 왜 내게 이런 일이?'라는 생각을 하기도 했습니다. 하지만 힘들어할 시간은 없었습니다. 문제 해결이 최우선이었지요. 결국 '전 제품 리콜과 보상, 그리고 기기의 단종'을 결론짓고 제품 결함에 대한 진상 규명에 들어갔습니다. 외부 기관, 대학, 시험소 등을 통해 최대한 투명하고 객관적으로 원인을 규명한 끝에 이듬해 배터리 자체 결함이라는 결론이 나왔습니다. 국내와 해외 모든 임직원들은 진실로 한 몸이 되어 복잡했던 실타래를 한 줄 한 줄 풀어나갔고, 어두컴컴했던 긴 터널의 끝에서 작은 빛줄기가 조금씩 보이기 시작했습니다.

정말 힘든 과정이었지만 아이러니하게도 이 과정에서 심신이 무너지는 경험은 없었습니다. 사장인 제가 마지막 의사 결정자이고, 여기서 제가 무너지면 십수만의 임직원을 실망시키게 될 것이기 때문이었습니다. 제가 진정 두려운 것은 그것이었습니다. 부끄러움을 안은 채 무너질 수는 없어서 그때의 저는 마음속으로 '투명하게 원인을 분석하고, 책임지고 회사를 떠난다.'라는 배수진을 칠 수밖에 없었습니다.

『표준국어대사전』에서는 배수진을 "강이나 바다를 등지고 치는 진"으로 풀이하며 "더 이상 물러설 수 없음을 비유적으로 이르는 말"이라 설명합니다. 즉 배수진을 친다는 것은 물러서지 않고 달려드는 것, 죽을 각오로 임하는 것을 뜻합니다. 중요한 것은 '죽을 각오'로 '이기고' 또 '살려고' 한다는 것입니다. 배수진은 죽기 위해서가 아니라 살기 위해서 치는 것이란 이야기지요.

당시 저 역시 사장으로서 저 혼자가 아니라 우리 모두가 살기 위해 배수진을 쳤고, 그 어느 때보다 절실하게 해결을 위해 매달렸습니다. 몇 날 며칠을 사무실에서 쪽잠을 자며 밤을 새우다가, 일주일 만인가 집에 가려고 엘리베이터를 탔을 때였습니다. 직원 한 명이 아래층에서 엘리베이터를 탔는데 저를 보자마자 펑펑 울더군요. 저도 좀 울컥했지만 그저 "반드시 해결할 테니 울지 말라."라고 위로하는 것 외에는 달리 할 말이 없었습니다. '내가 모두 깔끔하게 마무리하고 떠나겠다.'라는 마음속 얘기는 차마 할 수 없었지만, 그런 임직원들을 보며 모두가 살 수 있도록 반드시 해결하겠다는 각오를 다시금 다지게 되었습니다. 더욱더 정신을 바짝 차리게 되었죠.

사실 노트7 사고에 대한 책임 같은 것은 일반적으로 경험하기는 어려운 일입니다. 그해 영업이익은 거의 없었고 직간접적으로 관련된 사람이 수만 명, 전 세계의 소비자까지 생각하면 어마어마한 사람이 관계된 일이었으니까요. 말 그대로 절체절명의 위기였지요. 하지만 저는 이것이 시련이지, 위기라고는 생각하지 않았습니다. 위기는 내가 컨트롤할 수 없는 변수가 다수일 때 느끼는 것입니다. 하지만 노트7 사태는 3~4주가 지나면서 힘은 들어도 우리가 컨트롤할 수 있는 변수들로 정의되어갔지요. 그러니 위기가 아니라 극복 가능한 시련이라고 생각한 것입니다.

이 경험을 통해 제가 깨달은 것은 위기를 극복하는 묘안이나 해법은 없다는 사실입니다. 위기를 극복하는 단 하나의 방법은 물러서지 않고 맞서는 것, 어떻게든 돌파해내는 것뿐입니다. 즉 배수진을 치고 죽을 각오로 덤벼드는 것 외에는 어떤 방법도 없다는 이야기지요. 그리고 그 배수진을 칠 때는 혼자가 아닌 모두가 함께해야 하고요. 노트7 사태 때 우리 임직원이 모두 하나가 되었던 것처럼 말입니다.

'버텨서 살아남겠다'는 결기

사실 노트7 사태보다 개인적으로 더 큰 어려움도 있었습니다.

제게는 2005년 영국에서 정리 해고를 해야만 했던 기억이 상상도 못 할 크기의 힘듦으로 남아 있습니다. 지금도 그때를 생각하면 온몸과 마음이 저릿하게 아파옵니다. 당시 저는 구주 총괄 인사팀장으로 부임하고 몇 개월 뒤 현지 연구소까지 담당하게 되었습니다. 1년 후에는 연구소장직을 전담으로 맡고 인사 부분은 후임자에게 넘겼지요.

3G 프로토콜 소프트웨어를 개발하는 연구소 업무를 파악하기 위해서는 별도의 많은 공부가 필요했습니다. 힘들었지만 그래도 연구소의 모두와 함께 열심히 달린 덕분에 2004년 마침내 3G 프로토콜을 개발 완료했습니다. 그러나 본사는 이를 상품화시키지 않기로 결정했습니다. 상용화 리스크에 대한 부담이 이유였습니다. 결국 그 결정으로 저는 190여 명의 개발 인력을 정리 해고해야 하는 입장이 되고 말았습니다.

제가 연구소 사람들의 창업을 막기 위해 일곱 번의 가정방문을 진행했던 것, 기억하시는지요? 그만큼 공들여 직원들의 마음을 잡았고 덕분에 서로 한마음 한뜻으로 일할 수 있었습니다. 그런데 이제 그런 그들을 제 손으로 그만두게 해야 한다니요. 지금 돌아봐도 이 시기가 제 회사 생활에서 가장 큰 시련이었습니다.

본사에서는 이미 결정했고, 제 뜻과 의지가 아니지만 따라야 하는 상황에서 주변 누구도 저를 도와줄 수 없었습니다. 그저 개발

완료된 소프트웨어를 타 연구소로 이관하면서 훗날을 기약하는 거 외에는 할 수 있는 일이 없었습니다. 개발자들과 하나하나 면담하면서 사과하고, 해고 작업을 진행하면서 얼마나 많이 좌절했는지 모릅니다. 스스로 어떻게 할 수 없는 한계와 무능, 기댈 곳 없는 느낌에 정말 무너지고 또 무너지면서 전 결심했습니다.

'버텨서 살아남겠다. 오늘의 일을 절대 잊지 않고 기억해 나중에 반드시 명예 회복을 하겠다.'

'1년만 더', '1년만 더'가 모이면

이렇게 저는 회사 생활을 하면서 맞닥뜨렸던 두 번의 위기를 버텨서 이겨냈습니다. 사실 이기고 극복할 힘이 없어서 그냥 버틴 것일지도 모릅니다. 하지만 그때 깨달은 것은 아무리 힘들고 큰 위기도 버티면 결국 극복할 수 있다는 사실입니다. 스스로에게 무너진 심신을 추스를 시간을 주면서 회복된 몸과 마음, 에너지로 다시 나아가는 것이지요.

'버팀'은 생각보다 훨씬 힘이 큽니다. 2006년 왼쪽 귀의 청력을 잃었을 때도 그랬습니다. 살면서 개인적으로 가장 힘든 순간 중 하나였죠. 한쪽만 들린다는 것은 단순히 잘 들리지 않는 차원이 아니었습니다. 소리가 제대로 들리지 않는 왼쪽 귀에서 24시간 동안 끊임없이 모깃소리, 얼음 깨지는 소리가 들렸습니다. 식당이나 회의실에서 두 사람이 동시에 얘기하면 한쪽의 말은 아예 들리지도 않았습니다. 거래선과 마주 앉아 미팅을 하면 이야기를 못 알아들어서 재확인을 하는 경우가 잦아졌고, 단독으로 얘기를 나눌 때도 늘 상대를 오른쪽에 배치해야만 말을 들을 수 있었습니다.

그즈음 멕시코에 출장을 갔을 때의 일입니다. 세관에서 휴대폰 시료가 많다는 이유로 벌금을 내라더더군요. 저는 분명 'hundred'라고 듣고 시간도 없는데 빨리 내고 가자며 100달러 지폐를 내밀었습니다. 그런데 함께 갔던 직원들의 표정이 난감해 보이는 겁니다. 알고 보니 앞에 붙은 three 발음을 제가 못 들은 거였지요. th와 같은 된소리 계열의 발음이 전혀 들리지 않은 겁니다. 상사의 안타까운 모습에 직원들의 표정이 어두워지는 것을 보고 마음이 착잡해졌습니다.

그래도 전 버텼습니다. '1년만 더 해보자', 또 '1년만 더 해보자' 했던 것이 어느덧 17년이 넘었습니다. 사실 버틴 거 외에 다른 게 없었습니다.

물론 요즘의 젊은 세대에게 무조건 버티는 게 답이라고 말하기는 좀 부담이 됩니다. 버티는 것도 시간과 내공이 쌓여야 가능한 일이니까요. 그래서 만약 개인적 문제가 아니라 회사 내에서의 갈등으로 인해 위기를 겪고 있다면, 선배나 상사와 면담을 해서 해결책을 적극적으로 찾아가길 권합니다. 조직의 리더는 이렇게 후배를 챙겨야 할 책임이 있습니다. 혹 그 선배나 상사가 자신을 무너지게 하는 요인이면 회사 내외부의 상담 센터나 클리닉을 이용해보는 것도 권합니다. 심신을 지탱하는 데 분명 도움이 되리라 생각합니다.

또한 평소에 마음 근육을 키워놓는 것 역시 추후 크고 작은 위기를 맞닥뜨렸을 때 많은 도움이 됩니다. 저의 경우 왼쪽 귀의 청력을 잃었을 때 '1년만 더', '1년만 더' 하며 버틴 것도 주효했지만, 오랜 시간 단련해온 마음 근육도 한몫을 했지요. 이 마음 근육에 대해서는 바로 이어서 이야기를 해보겠습니다.

09

'불편'과 '불안'을 혼동하지 마라

어려움에 대한 마음 근육이 부족한데, 단련이 가능할까요?

인간의 뇌와 감정은 현대 과학으로도 극히 일부만을 이해할 수 있을 정도로 복잡합니다. 그러니 우리는 종종 상황에 따른 감정을 구체적으로 파악하지 못하고 어림짐작으로 받아들이곤 하지요. 하지만 그 어떤 상황에도 '그냥'은 없습니다. 반드시 원인이 있다는 사실을 기억하고 자신의 감정을 들여다봐야 합니다. 특히 '불편'과 '불안'을 혼동하지 않는 것이 중요합니다.

인생에 '겨울'이 찾아왔을 때

1984년 삼성에 입사한 후 사원, 간부 시절을 거치면서 힘들다는 생각을 해본 적이 없습니다. 제가 뛰어난 능력을 가지고 있어서도, 힘 있는 부서에서 일을 시작해서도 아닙니다. 그저 뭔가 닥쳐올 때마다 '아, 좀 불편하네. 하지만 지나갈 거야.'라고 생각하면서 돌파했을 뿐입니다. 저는 "불안하다."라는 말을 잘 하지 않습니다. 대신 "불편하다."라고 말합니다. 불안은 실체가 막연한 감정이지만, 불편은 개선할 수 있는 문제이기 때문이지요. 그저 조금 불편할 뿐이고 노력 여하에 따라 얼마든지 나아질 수 있는데, 불안하다며 힘들어하면 방법을 찾기도 어려워진다는 생각입니다.

물론 불편이라고 해서 그 돌파의 과정이 늘 쉬웠던 것만은 아닙니다. 저도 깊은 좌절과 함께 한없는 수렁으로 빨려가는 듯한 느낌을 받기도 했지요. 그중 가장 아득했던 때가 2006년입니다. 영국 주재를 마치고 4월, 한국 본사로 돌아왔을 때입니다. 정신없이 바쁜 4개월을 보내고 8월경 저는 원인 모를 이유로 갑자기 쓰러졌습니다. 혹시 뭉크의 「절규」라는 그림을 본 적이 있나요? 모든 것이 일그러지고 흔들리는 그 그림의 장면이 눈앞에 고스란히 펼쳐진 기억이 선합니다.

그때 쓰러진 이후 저는 왼쪽 귀의 청력을 잃었습니다. 오른쪽 청력도 정상인의 70퍼센트 정도만 작동합니다. 지금도 왼쪽에서는 끝없는 모깃소리, 물 흐르는 소리만 들릴 뿐 밖의 소리가 들리지 않습니다. 당시 아내는 회사를 그만두라고 했지만 제 자존심은 그걸 허락하지 않았습니다. "딱 1년만 더 해보고 원하는 성과가 나지 않으면, 그때 그만두겠다."라고 했습니다. 당시 저에게는 그 무엇보다 스스로의 명예 회복이 절실했습니다.

사실 힘들었다는 말로 에둘러 표현할 수도 있지만, 더 세밀하게 파고들면 당시 제가 느꼈던 것은 극도의 불편함이었습니다. 회의 석상에 앉아서도 상대의 이야기를 제대로 들을 수 없으니 처음에는 몹시 답답했습니다. 이런 과정이 반복되면서 입 모양을 보고 대충 알아듣는 요령이 생기긴 했지요. 정확히 확인해야 할 내용은 나중에 따로 점검하는 과정을 거쳐서 문제가 발생하지 않도록 했습니다. 그럼에도 한쪽 귀로만 듣는 것은 두 배의 에너지가 소모되는 일이었습니다. 당연히 회의 한두 번을 하고 나면 녹초가 될 수밖에 없었습니다. 들리지 않는다는 사실을 드러낼 수 있는 상황도 아니어서 최대한 노력으로 극복하는 것 외에는 할 수 있는 게 없었습니다.

삶에도 사계절이 있다면 그때가 제 인생 중에 가장 혹독한 겨울이었지요. 이후 보청기를 착용하게 되고 전무, 부사장으로 승진하면서는 대부분 일대일로 대화할 수 있었습니다. 적어도 바로 확인하며 얘기를 나눌 수 있는 시간을 맞이한 것이죠. 끝나지 않을 것 같던 겨울이 마무리되고 그래도 조금 따뜻한 봄이 온 셈입니다.

돌이켜보면 힘들지 않았을 리가 없습니다. 그런데 만일 그때 힘들다고 축 늘어져 있었으면 아마 제 봄은 몹시 늦게 오거나 아예 오지 않았을 수 있습니다. 불편함을 피하지 않고 직시했기에 견디고 이겨낼 수 있었던 게 아닐까 싶습니다.

마음도 디톡스가 필요하다

누구나 한 번쯤 꿈꾸는 '몸짱'이 되기 위해서는 우선 몸의 독소를 빼고, 근육에 좋은 식단을 지키고, 비타민이나 보충제를 먹습니다. 그리고 오랜 시간을 투자해 무겁고 아프고 힘든 운동을 견디며 근육을 만들고 지방을 줄입니다. 한 가지 아쉽고 속상한 부분은 이렇게 근육을 만드는 데 드는 시간이 몇 주, 몇 달이라면 근육이 사라지는 데는 불과 하루 이틀밖에 걸리지 않는다는 것입니다. 그래서 몸에 신경을 많이 쓰는 사람들은 항상 긴장을 놓지 않고 자기 관리에 힘을 씁니다.

사실 마음도 크게 다르지는 않습니다. 마음 근육도 단련이 되기 위해서는 시간이 걸립니다. 이 시간과 더불어 필요한 것이 자기 관리겠지요. 몸의 자기 관리가 건강한 식단과 꾸준한 운동이라면,

마음의 자기 관리는 열린 귀와 들어온 이야기를 담아내는 그릇 키우기입니다.

경청은 모든 성장의 시작입니다. 선배나 상사의 이야기는 물론이고, 동료나 후배의 이야기를 끝까지 듣는 사람들은 마음 근육을 만들 준비가 되어 있다고 볼 수 있습니다. 경청이 준비 단계라고 한 것은 다음 단계가 다름 아닌 그릇 늘리기인 까닭입니다. 많은 이야기를 듣고 이를 담으려면 그릇이 커야 합니다. 하지만 빠르게 그릇의 크기를 키우는 데는 분명 한계가 있습니다. 이 지점에서 필요한 것이 바로 디톡스입니다.

몸 근육을 만들 때도 어느 정도 디톡스는 필요합니다. 쌓여 있던 독소를 내보내야 건강한 것이 들어가 제 역할을 할 수 있지요. 마음도 그렇습니다. 마음의 디톡스를 하는 방법은 여러 가지가 있겠지만, 우선 제일 간단하게는 어제 받은 스트레스를 다음 날까지 끌고 가지 않는 연습이 중요합니다.

하루를 시작하기 전 마음 그릇을 비워내야 또 다른 이야기들이 들어와 쌓일 수 있습니다. 가득 찬 그릇에는 더 이상 뭔가 들어가지 않겠지요. 마음 그릇을 비우는 행위는 사람마다 다를 수 있습니다. 누군가에게는 명상이 될 수도 있고 누군가에게는 산책이나 운동이 될 수도 있습니다. 저는 아침에 적어도 40분 정도는 땀을 흠뻑 흘리면서 운동을 합니다. 이 시간을 통해 전날 받았던 스트레스의 잔여

물을 지우고, 새롭게 하루를 시작할 준비를 하는 겁니다. 삼성에서 부사장 자리에 오른 후부터는 저도 모르게 같이 일하는 사람에게 목소리를 높이거나 짜증을 부리는 경우가 생기더군요. 이를 막기 위해 무조건 아침에는 운동으로 리셋하는 시간을 가졌습니다. 땀과 함께 스트레스가 배출된다는 것은 과학적으로도 증명된 바 있으니, 한번 시도해볼 만한 몸과 마음의 디톡스 방법이 아닐까 합니다.

불편인가, 불안인가?

이렇게 디톡스를 통해 단련의 준비가 되었다면 다음 순서는 정의 내리기입니다. 정의 내리기는 내가 지금 처한 상황에 대한 객관적 판단을 말합니다. 어렵다는 것, 힘들다는 것의 본질이 무엇인지를 생각해야 한다는 뜻이지요. 사실 이 이야기는 다소 조심스럽습니다. 제가 성장해온 배경과 지금 세대가 성장한 배경이 많이 다르기 때문입니다.

제 세대는 그냥 가난했습니다. 의식주라는 기본 요소가 간절했던 시절입니다. 저 역시 가난해서 풍족하지 않았던 기억뿐이지만 돌이켜보면 그나마 나았던 축에 속합니다. 먹고사는 것 그 자체가 삶의 전부일 수밖에 없던 시대였지요. 오죽하면 제가 중학교 2학년 때 세웠던 목표가 '내 나이 마흔이 되면 점심때 언제든 불고기 백반을 먹을 수 있는 사람이 되겠다.'였을까요?

하지만 그 당시를 살았던 사람들은 저를 포함해 모두 힘들고 어렵다기보다는 좀 불편하다고 받아들이며 노력했던 것 같습니다. 힘들고 어려우면 포기하게 되지만, 불편함은 감수하며 이겨내게 됩니다. 한 끗 차이지만 결과는 당연히 달라지겠지요. 이 생각은 회사에 들어와서도 변함이 없었습니다. 그래서 저는 어려움에 대한 마음 근육이 부족하고 극복하기가 힘들다고 하는 사람에게 되물어보고 싶습니다.

진짜 극복이 어려운 힘듦인지, 아니면 그냥 불편한 건데 힘들고 불안하다고 덮어버리는 것인지 말입니다.

인생의 순환과정과 똑같이 회사에도 순환과정이 있을 뿐인데, 그 과정 중 겨울을 지나고 있는 것은 아닐까요? 혹은 내 부족으로 노력이 미흡해서 벌어진 일인데, 그로 인해 자존심에 상처를 입은 것을 "힘들다."라는 한마디로 가리는 것은 아닌가요?

마음 근육은 하루아침에 만들어지지 않습니다. 몸 근육을 키우는 정성과 노력 그 이상으로 철저한 자기 관리가 필요합니다. 특히 매일 아침, 전날의 스트레스 찌꺼기를 마음에서 비우는 디톡스부터 시작하십시오. 비우고 새것을 채우는 동안 내 그릇은 커지고 성장하며 단단해집니다. 하루하루 최선의 노력을 다하면 5년, 10년, 15년, 20년 후 그 누구도 넘볼 수 없는 크고 단단하며 담대한 마음을 가질 수 있습니다. 이는 변하지 않는 진리입니다.

10

'결실' 없는 '성실'은
무의미하다

열심히는 하는데 잘되지 않습니다. 어떻게 해야 할까요?

열심히 하는 건 칭찬받아 마땅합니다. 하지만 또한 열심히 하는 것은 당연한 일이기도 합니다. 처음 회사에 들어온 20대 언저리 사람들은 실제로 성실하든, 아니면 성실을 억지로 탑재했든 여하튼 대부분 성실한 모습을 갖추고 있습니다. 혹은 갖고 있는 것처럼 보이려고 노력하며 눈치라도 봅니다. 그렇기에 남과 다르려면 '무작정' 성실하기보다는 '지혜롭게' 성실해야 합니다.

'절실'과 '성실'은 누구나 한다

사실 저의 20대도 그랬습니다. 아무것도 없이 대학을 졸업하자마자 삼성에서 사회생활을 시작했을 때 저는 무작정 성실했습니다. 그럴 수밖에 없었습니다. 쟁쟁한 명문대 출신에 유학파, 박사들까지 가득한 곳에서 학부를 졸업하고 바로 회사로 들어온 제가 할 수 있는 일은 많지 않았습니다. 절실함을 가지고 성실하게 일에 임하는 것이 최선이었죠. 그런데 이런 제 마음에 큰 돌이 하나 날아오는 일이 생겼습니다.

바로 연구소 사무실 이사였습니다. 지금이야 개인 물품만 챙겨 박스에 넣어두면 이삿짐센터가 전부 옮겨주고 정리해주지만 당시만 해도 직원들이 직접 책상, 의자, 소장님 방의 카펫까지 날라야 했습니다. 다들 땀을 뻘뻘 흘리며 짐을 나르고 먼지를 뒤집어쓰며 일했는데, 점심시간 동기 한 명이 깨끗하고 뽀얀 얼굴로 식당에 나타난 것입니다. 그러고 보니 이삿짐을 옮길 때 본 적이 없어서 어떻게 된 거냐고 물었습니다.

"위에서 일본 자료 번역을 시켜서, 그거 하고 내려왔지."

동기의 해맑은 대답을 듣고 잠시 멍해졌습니다. 당시 저는 일본어를 전혀 못했는데 '일어를 할 줄 안다는 것만으로 저렇게 뽀얗게 있을 수 있구나.'라는 생각이 들었습니다. 그리고 그날 저녁, 저는 점심 때 느꼈던 멍해짐을 충격으로 다시 얻어맞는 경험을 했습니다. 소장님이 다들 수고했다며 저녁을 살 때였습니다. 이삿짐을 나르지도 않은 동기에게 소장님은 잘하고 있다고, 고생이 많다며 아주 환한 얼굴로 술을 따라주었습니다. 그리고 저한테는 다소 굳은 얼굴로 이렇게 말씀하시더군요.

"고동진 씨는 입사할 때 내가 기대가 많았는데……. 아직 뭐가 잘 안되나?"

망치 하나가 머리를 아주 세게 친 느낌이었습니다. 성실하게 이삿짐을 나르고 땀범벅이 되어봐야 결국 윗사람 눈에는 '아직 일을 제대로 못하는 사람'일 뿐이었던 것이지요. 그 일이 있고 나서 1~2주 정도 저는 깊은 고민에 빠졌습니다. 저를 붙들고 쏟아낸 잔소리는 아니었지만 그 한 줄의 말이 그 어떤 잔소리, 조언보다 뼈아프게 스며들었기 때문입니다. 생각해보니 당연한 말씀이었습니다. 절실해서 성실한 건 누구나 합니다. 신입 사원이면 특히나 그렇지요. 결국 '결실'을 보이지 못하는 '성실'은 강점이 될 수 없다는 사실을 깨달았습니다. 회사는 오직 결실, 즉 성과로 평가하는 곳이니까요.

저는 이후 주중 약속을 다 없애고, 퇴근 후 집으로 가서 일어 공부를 하고 영어 공부도 다시 시작했습니다. 그리고 지금도 저는 소장님의 한마디를 감사하게 생각하고 있습니다. 그분의 다소 냉랭했던 그 말씀이 없었다면, 제가 그렇게 큰 자극을 받지는 않았을 테니까요. 만약 그때 서운함만을 가지고 마음이 꽁해 있기만 했다면, 이후 제게 온 기회를 잡지 못했을 것이고 지금 이 자리까지 오기도 힘들었을지 모릅니다.

잔소리와 조언의 나비효과

저는 입사 후 3년 6개월이 지났을 때 대리로 승진했습니다. 당시 동기들에 비해 6개월 정도 빠른 승진이었던 것으로 기억합니다. 제 목표는 과장이 되면 회사가 지원해주는 해외 유학을 가는 것이었습니다. 이는 사원 2년 차 때 세웠던 계획 중 하나였습니다.

계획의 계기는 어머니의 말씀이었습니다. 어머니는 제가 집안 사정으로 대학원 진학을 못 하고 바로 입사한 걸 아쉬워하셨습니다. 그러던 중 회사에서 해외로 유학을 보내줬다는 친구 아들의 소식을 듣고는, 제게 매주 이렇게 물어보셨습니다.

"막내야, 회사에서는 너를 해외에서 공부시켜줄 생각이 있는 거니?"

솔직히 어머니 친구 아들과 비교당하며 잔소리를 듣는 것이었지만 저는 짜증을 내지 않았습니다. 엔지니어 분야가 아니면 해외 학술 연수는 불가했던 시기였기에, 제가 갈 수 있는 가능성은 거의 없었습니다. 하지만 어머니께 실망을 드리고 싶지는 않았기에, 늘 제가 잘하면 회사에서 알아봐주는 시기가 올 거고 그러면 갈 수 있을 거라고 대답했습니다. 잔소리일 수도 있는 어머니의 그 말은 귀찮고 짜증스러운 질문이 아니라 '정말 회사에서 나를 공부시켜줄 생각이 생기게 만들어야겠다.'라는 다짐의 원동력이 되었습니다. 그리고 저는 영국문화원이 주관하는 IELTS에서 6.5 정도의 점수를 받았습니다. 어느 정도 노력한 결과를 손에 쥔 것이지요.

이 결과를 가지고 당시 인사팀장님을 찾아가서 떨리는 마음으로 슬쩍 해외 석사과정 지원에 대해 물었습니다. 그러자 그분이 이러시는 겁니다.

"음……. 안 그래도 자네를 후보로 생각하고 있었어! 단 좋은 학교 가야 해!"

솔직히 유학 지원을 해주지 않으면 회사를 그만둘 각오까지 하고 찾아간 자리였습니다. 그런데 후보로 생각하고 있었다는 얘기를 들으니 저도 모르게 고개가 푹 숙여졌습니다. 새삼 회사에 감사한 마음이 들더군요. 또 신입 사원 시절 망치로 머리를 한 대 맞은 듯한 충격으로 일어 공부를 시작하지 않았다면, 어머니가 매주 물어보신 잔소리 같은 질문을 원동력 삼아 노력하지 않았다면 지금 저 얘기를 들을 수 없었겠구나 하는 생각이 들었습니다.

성장의 원동력은 가까이에 있다

어쩌면 저의 부족함을 지적한 사람들의 얘기에 귀 기울인 덕에 거둔 성과들을 확인하면서, 저는 이후에도 누군가가 제게 하는 말을 귀담아듣는 습관을 들였습니다. 개인의 성장은 그의 노력이 기본이지만, 때로는 누군가의 조언이나 잔소리가 그 노력에 불을 붙여줄 수 있습니다. 이런 말들을 '듣기 싫어.', '자기나 잘하지, 누구한테 뭐라고 하는 거야.'라며 튕겨내면 내 발전에 조금도 도움되지 않습니다. 반면 '왜 이런 얘기를 할까?'라고 한 번만이라도 궁금해하며 고민해보면 분명 도움되는 부분이 있습니다.

만약 제가 어머니가 매주 저한테 하셨던 질문을 '진짜 엄친아하나 때문에 나만 피곤하네.'라고 받아들였다면, 해외 석사 지원 연수에 대한 도전을 꺾고 그냥 성실하게 회사 일을 하는 사람으로 남았을지도 모릅니다. 하지만 그 질문 이면에 있는 '내 아들에 대한 관심과 사랑'을 생각해서라도 어머니 말씀을 들었던 것, 그게 꾸준히 영어를 공부하고 꿈을 유지할 수 있게 하는 원동력이 되었던 것이지요.

조언과 잔소리의 차이는 명확합니다. 전달하는 사람이 상대를 위해 감정을 내려놓고 말하면 조언이 되지만, 자기 생각과 다르다고 짜증을 내면 그때부터는 잔소리입니다. 하지만 조언이건 잔소리건

하는 사람 입장에서는 모두 조언이라 생각합니다. 중요한 것은 그것이 조언이든 잔소리든 내게 도움되는 이야기라면 받아들일 줄 아는 자세입니다. 그리고 잔소리나 조언을 받아들이기 위해서는 먼저 내가 부족하다는 사실을 인정해야 합니다.

저는 제가 너무 부족한 사람인 것을 잘 알았기에, 들려오는 이야기를 그저 스펀지처럼 빨아들였습니다. 연구소장님의 말도 어머니의 말도 허투루 듣지 않았던 건 제 부족함을 알고 있어서였습니다.

여러분 역시 직장 생활 기간에 들려오는 주변 사람들의 얘기를 잘 경청하기를 권합니다. 물론 이를 받아들이고 실천하는 것은 각자의 몫이겠지요. 그럼에도 여러분이 누군가의 잔소리를 조언으로 듣고, 그 조언을 감사함으로 받아들여 성장의 원동력으로 삼을 수 있는 지혜를 갖추기를 바랍니다. 분명 그 모든 것들이 자신의 경쟁력을 향상시켜주는 도구가 된다는 사실을 깨닫는 날이 올 것이기 때문입니다.

다면 피드백이 중요하다

2019년 제가 IM*부문장이던 시절, 임직원 리더급 다면 진단을 실시했을 때의 이야기입니다. 다면 진단은 상하좌우에서 바라보는 그의 모습을 있는 그대로 평가하는 것입니다. 이를 통해 자신이 무엇을 더 계발하고 보완해야 할지를 깨달을 수 있지요. 당시 저에 대해 '귀가 얇은 편임.', '가끔씩 믿고자 하는 의견들만 듣는 경향이 있음.', '오퍼레이션에 대한 빠른 의사 결정의 보완이 필요함.' 등의 의견을 접하고 다소 놀랐습니다. 저는 직장 생활을 하면서 빠른 의사 결정이 저의 최대 장점이라고 생각했거든요. 임파워먼트 과정에서 실장과 팀장 중심으로 결정하도록 기다렸던 것이 이렇게 보이지 않았나 생각도 했습니다만, 저의 의사 결정 방식에 대해 다시 점검하는 계기가 되었습니다.

이것이 다면 피드백이 중요한 이유입니다. 즉 경청을 할 때도, 어느 한쪽의 이야기만 듣지 말고 여러 사람의 의견을 골고루 받아야 자신에 대한 객관적이고 종합적인 판단이 가능한 것이지요. 자기 관리에 있어서 중요한 것은 '360도 모든 것'을 생각하는 태도입니다.

---

* IM(IT and mobile communications). 휴대폰, 태블릿, 네트워크 장비 등 유무선 통신 제품/서비스와 관련된 사업을 다루던, 삼성전자의 3대 부문 중 하나.

11

AI 시대의 성공 조건, 기하급수적 인재

시대가 광속으로 변하는데, 어떻게 발맞춰갈 수 있을지요?

자고 일어나면 세상이 바뀌었다고 할 정도로 엄청난 변화가 매일같이 벌어지는 시대입니다. 알고 배워야 할 것이 기하급수적으로 늘고 있다고 할 수도 있겠습니다. 시대의 변화에 어떻게 발맞춰갈 수 있는지를 물었는데 답은 하나입니다. '기하급수적 변화'에 발맞춰 자신도 '기하급수적 인재'로 거듭나는 것이지요.

모르는 것은 당연하다, 하지만

다른 분야의 변화도 눈부시지만 IT 분야는 최근 십수 년 사이에 그야말로 광속도로 발전했습니다. 내가 알고 있는 것이 순식간에 옛날 것이 되어버리고, 새것이 나와 메인 기술이 되는 주기도 몹시 짧아졌습니다. 이런 시대에서 살아남으려면, 아니 성공하려면 어떤 조건이 필요할까요? 저는 '기하급수적 인재'가 되어야 한다고 생각합니다. 기하급수적 인재가 무엇인지, 이를 위해 어떤 준비를 해야 할지 찬찬히 이야기해보도록 하죠.

저는 무선개발실장 시절부터 대표이사 시절까지 임원진과 자주 대화를 나눈 것은 물론, 사내 소통망에서도 저와 관련된 글이나 질문에는 직접 답을 했습니다. 이로 인해 몇 년 전 언론에서는 저를 '소통왕'이라고 칭하기도 했죠. 그런데 사실 제 소통은 '할 수밖에 없어서' 했던 필수 불가결한 선택이었습니다.

2000년 영국에서 소프트웨어를 전혀 모르면서 휴대폰 프로토콜 소프트웨어를 개발하는 연구소의 소장을 맡았을 때, 그저 하루 종일 개발자에게 설명을 듣고 공부하는 것이 일과였습니다. 그때 제게 소통은 '공부'이고 '학습'이었던 셈이지요. 당연히 들을 수밖에 없는 환경이었습니다.

귀국 후 한국에 와서는 상품기획을 맡았는데 이건 또 완전히 다른 세상이었습니다. 모르니 또 배울 수밖에요. 피처폰을 20~30개씩 집에 가져가서 메모리에 디스플레이까지, 그 차이를 외우고 연구하는 게 일상이었습니다. 주말도 없이 사출 업체를 찾아가 증착*이 뭔지, 경쟁사는 CMF(color, material, finishing)를 어떻게 하는지도 계속 듣고 또 들었습니다. 무선개발실장이 되고도 상황은 똑같았습니다. 제가 아무리 열심히 공부해도 개발자들보다 많이 알 수는 없으니까요. 개발자 후배를 불러 공부하고, 협력사를 찾아가서 애기를 듣고 또 들었습니다.

그때부터였습니다. 저는 정말 몰라서, 이해하고 싶고 알고 싶어서 애기를 듣고 또 들은 것뿐인데 어느새 후배와 협력 업체 사이에서는 '제가 애기를 잘 들어주고 소통을 잘하는 사람'이 되어 있었습니다. 의도치 않은 평가에 좀 겸연쩍기도 하고 더 겸손해야겠다는 생각이 들었습니다. 또한 '아, 소통이란 정말 듣는 것에서 시작하는구나.'라는 생각을 또다시 굳히게 되었습니다.(소통과 경청의 중요성에 대해서는 뒤에서 다시 이야기하도록 하겠습니다.)

사장이 되면 좀 나아질까 했는데 이게 웬걸요. 습득해야 하는

---

* PVD(physical vapor deposition). 금속, 비금속 물질을 진공상태에서 나노 사이즈로 미립화시켜 코팅하고자 하는 표면에 부착하는 방식. 주로 휴대폰의 외관 코팅 방법으로 사용한다.

정보의 양이 기하급수적으로 늘었습니다. 각 부서의 수장이 핵심 이야기를 가지고 와서 보고하는데, 그걸 다 알아듣고 의사 결정을 하려면 응축된 보고 안에 있는 다양한 내용들을 파악하고 있어야 했습니다. 어쩌겠습니까. 또 들어야지요.

이때 정말 조심하고 또 조심했습니다. 영업, 마케팅, 생산 등 깊게 경험해보지 않았던 분야의 이야기를 들어야 하니 공부할 것이 제곱의 제곱으로 늘었습니다. 듣고 또 들으며 최대한 간극을 메꿔나가자 어느 순간부터 그들이 하는 얘기가 정확하게 이해되었습니다. 그때부터는 오히려 제가 의견을 제시하기 시작했습니다. 물론 아무리 많이 알게 되었다고 해도 그 분야의 전문가는 아니기에, 제 의견을 직접적으로 말하기보다는 "이런 경우는 어떻겠냐?"라고 역질문을 던지는 정도였습니다. 대부분의 임원들은 본인이 깊이 고민했던 일이기에 질문의 요지를 빠르게 알아듣고, 개선 방법을 찾거나 수정해서 다시 안건을 가져오곤 했습니다. 물론 제가 당장 이렇게 하라고 지시하는 것이 더 빠를 수 있습니다. 하지만 저는 '일의 주인은 당신이다.'라는 메시지를 계속 강조하고 싶었습니다. 그리고 그래야만 올바른 소통이 가능하다고 믿었습니다.

제 이야기를 다소 길게 했는데, 바로 여기에 기하급수적 인재의 힌트가 있기 때문입니다. 미래학자 레이 커즈와일이 설립한 싱귤래리티 대학의 초대 상임 이사 살림 이스마일 등이 쓴 『기하급수 시대가 온다』라는 책은 "기하급수적으로 발전하는 첨단 기술 등을 적극적으로 활용해, 영향력이나 실적이 경쟁사보다 적어도 열 배 이상 앞서는 기업"을 '기하급수적 기업'이라고 명명했습니다. '기하급수적 인재'는 여기서 차용한 것으로 '급변하는 시대에서 새로운 지식과 정보를 빠르게 습득하고 활용해 성과를 올리는 사람'을 뜻합니다.

모르는 것은 당연합니다. 자고 일어나면 새로운 것이 등장하는 요즘 같은 시대에 모든 것을 다 알고 있을 수는 없습니다. 다만 성공하는 사람과 그렇지 못하는 사람의 차이는 모르는 것을 한탄하느냐, 아니면 적극적으로 배우느냐에 따라 갈릴 뿐입니다. 그리고 이 배움에 있어 가장 좋은 방법은 바로 소통입니다. 소통의 시작은 경청이며, 경청의 시작은 배우겠다는 자세입니다.

소통의 핵심은 '양방향 학습'

소통은 '양방향 학습'의 도구라는 점에서 더욱 중요합니다. 들어서 배울 수도 있지만, 들음으로써 알려줄 수도 있다는 뜻입니다. 특히 상사나 선배들은 반짝거리는 신지식으로 무장한 후배들의 얘기를 잘 들어야 합니다. 누가 내 얘기를 진지하게 들어준다면, 그 사람은 자연스레 신이 나서 더 열심히 공부하고 알아보게 됩니다. 즉 후배들의 발전을 독려하기 위해서는 잔소리와 섣부른 아는 척을 접어두고 잘 들어줘야 한다는 것이지요. 제대로 알지도 못하면서 "이런 거 아니냐 저런 거 아니냐?" 하게 되면, 꼰대라는 낙인이 붙고 소통은 사라지게 됩니다.

그럼 배우고 또 알려주기 위한 소통을 제대로 하려면 어떻게 해야 할까요? 같이 일하는 사람들이 제게 소통을 잘하고 있는지 혹은 부족한 점이 있는지를 물어보면, 저는 늘 이렇게 되묻습니다.

"아이들이랑 몇 분이나 얘기합니까? 배우자와는 얼마나 깊이 있게 얘기를 나눠요?"

물론 저도 이 부분에 있어서는 몹시 부족한 사람입니다. 하지만 소통의 시작이 어디인지를 알기에 이런 질문을 던지는 것입니다. 집에서 가족들과 대화를 많이 하는 사람들은 대부분 회사에서의 소통도 큰 문제가 없습니다. 가장 가까운 사람의 얘기는 가볍게 흘려듣기 쉽습니다. 하지만 부모님이 하시는 말씀은 모두 잔소리로 여기고, 배우자가 하는 말은 대부분 쓸데없다고 생각하는 사람이 집 밖에서라고 바른 소통을 할 수 있을까요?

소통은 멀리 있는 것부터 시작하지 않습니다. 내 귀가 들을 수 있는 가장 가까운 것부터 듣는 것이 소통입니다. 내 가족 이야기, 내 동료 이야기, 내 선배와 후배 이야기에 귀를 기울이는 것이 소통의 시작입니다. 즉 소통이란 누군가의 얘기를 듣고 이해하는 것에서부터 시작합니다. 『논어』에 나오는 "이청득심(以聽得心)"이라는 말은 듣는 것만으로도 상대의 마음을 얻는다는 소통의 본질을 잘 말해 주고 있습니다.

가끔 소통을 하겠다며 모두를 불러놓고 술을 따라주면서 얘기 해보라고 채근하는 사람이 있습니다. 하지만 이건 소통이 아닙니다. 저녁 식사나 회식도 나름 의미 있는 조직 문화이기는 하지만, 그렇 게 인위적인 자리에서 말해보라고 하는 건 경청이 기반되지 않은 일 방적 요구입니다. 일을 같이하는 사람들끼리는 일을 통해 호흡을 맞 추면서 자연스레 서로를 알게 되고 소통하게 됩니다. 이렇게 주고받 는 합을 통해 소통하는 것이 가장 자연스럽지만, 여기에서도 기본 은 선배의 경청 자세입니다.

소통할 때 주의할 세 가지

들어주고 이해하는 일이 꼭 대화에서만 이뤄지는 것은 아닙니 다. 선배나 상사의 입장에서는 후배들의 이야기를 직접 듣기도 하지 만, 보고서나 이메일을 통해서도 간접적으로 소통합니다. 그래서 피 드백이 중요합니다. 어떤 피드백을 어떻게 해주느냐에 따라 후배를 기하급수적 인재로 키울 지식과 정보, 지혜를 전달할 수도 있고 혹은 후배의 의욕만 꺾는 불상사가 생길 수도 있습니다. 문자메시지도 마찬가지입니다.

그리고 이런 소통은 대리, 과장 이상의 선배나 상사가 좀 더 노력해야 할 덕목이기도 합니다. 요즘 세대에게 직접적으로 주고받는 커뮤니케이션은 익숙하지 않기 때문입니다. 젊은 층은 SNS나 메신저, 이모티콘을 통한 단편적인 감정 전달에 보다 익숙하고, 직접적으로 의견을 전달하거나 대화를 통해 결론을 도출하는 것은 어색할 수 있습니다. 때문에 소통은 선배들이 먼저 신경을 쓰고 노력을 기울여야 원활하게 이뤄집니다.

고무적인 부분은 MZ세대의 경우 어느 정도 적응 기간을 거쳐 인간관계가 형성되면 소통에 전혀 거리낌이 없고, 오히려 솔직하고 당당하게 말한다는 것입니다. 제 아이들이 그 세대라 더 확실하게 느껴지는 차이이기도 합니다. 다만 몇 가지 조심할 것들은 분명 존재합니다. 특히 양방향 학습으로서의 소통을 할 때는 더욱 주의해야 할 부분입니다.

첫째, 참으로 아는 것만 말해야 합니다.

상대가 누구든, 모르는 것은 모른다고 얘기하거나 확인 후에 말해주겠다고 해야 합니다. '모른다고 인정하는 것이 정말로 아는 것'임을 알아야 합니다. 그리고 모르는 것을 인정해야만 자신도 이를 공부하고 학습함으로써 발전할 수 있습니다.

둘째, 말이 바뀌지 않아야 합니다.

어제 한 말과 오늘 한 말이 동일해야 합니다. 대화의 상대에 따라 '톤 앤드 매너'가 달라질 수는 있어도 본질적인 내용이 달라져서는 안 됩니다. 세상은 생각보다 좁습니다. 말이 바뀌고 달라지면 오해가 생기고, 이것이 누적되면 신뢰의 문제로 번지게 됩니다. 또한 선배나 상사의 말이 계속 바뀌면 후배는 어떤 말을 받아들이고 배워야 할지 혼란스러움을 느낍니다. 이는 당연히 성장의 걸림돌이 됩니다.

셋째, 배려의 노력, 열린 마음이 말에 담겨야 합니다.

내가 좀 안다고 해서 대화 속에 가시를 담고 상대와 소통하게 되면, 그것은 곧 자기를 망치는 일입니다. 때때로 선후배를 통해 자신이 대화하는 방식, 소통하는 방식에 대한 점검을 하는 것이 좋습니다. 친한 사람, 나를 아끼는 사람이라면 있는 그대로 얘기를 해줄 것입니다. 나를 대상으로 한 소문은 '카더라 통신'이라도 절대 흘려듣지 말아야 합니다. 그 안에 내가 무심코 한 실수가 숨어 있을 수 있습니다. 그걸 알고 조심하는 노력을 하는 것이 성장의 동력이 됩니다.

이처럼 소통은 일단 듣는 것에서부터 시작합니다. 그게 기본입니다. 회사 조직은 굉장히 다이내믹한 곳입니다. 시속 200~300킬로미터를 달리면서 한 치의 오차도 없어야 성과가 나는 곳이기에, 위로 올라갈수록 소통의 중요성을 더욱 인지하고 노력해야 합니다. 기하급수적 인재로 거듭나려면 빠르게 변하는 지식과 정보에도 열려 있어야 하지만 선배와 동료, 후배 등 모든 사람과의 기하급수적 소통에도 힘을 써야 할 것입니다.

12

당신은 SOP를
가지고 있는가

멀티플레이어를 지향합니다. 관심사가 많은 게 장점일까요, 단점일까요?

      정말로 다방면에 관심이 있는 것인지, 일에 집중을 못 하는 것인지 따져봐야 합니다. 직장은 일을 하는 곳입니다. 가끔 "일을 배운다."라는 말을 쓰기도 하지만, 이는 철저하게 익숙해질 시간을 허락한다는 개념이지 학교처럼 하나하나 알려준다는 것은 아닙니다. 때문에 회사에서는 그 어느 곳에서보다 선택과 집중이 필요합니다.

직장 생활에서의 '박이정'이란 무엇인가

직장인, 직업인으로서 인정받기 위해서는 박이정(博而精)을 생각해야 합니다. 박이정은 "여러 방면으로 넓게 알기도 할 뿐 아니라 적어도 한 분야는 깊게 안다."라는 뜻입니다. 풀어서 말하면 특정 나무도 보지만 숲도 보고 있다는 말이 되겠지요.

직장 생활에서의 박이정은 우선 자기 업무를 종합적으로 파악하는 것에서 시작합니다. 포괄적으로 일을 받아들인 후에는 전문적인 지식을 갖고 깊게 파고들 수 있어야 합니다. 전문화를 하면서 성장하는 사람이 결국 크게 됩니다. 즉 흐름과 맥락을 이해하고 부분적 디테일도 꼼꼼히 챙기는 시스템적 사고를 갖춰야 하는 것입니다.

그렇다면 내 안에 박이정을 품으려면 어떻게 해야 할까요? 당장 학원이라도 등록해 뭔가를 배워야 할까요? 가장 쉽지만 의외로 잘 하지 않는, 좋은 방법이 있습니다. 바로 잘 듣는 것입니다. 평소에 자신이 속한 조직 내 팀원들의 이야기나 상사, 선배의 경험에 관심을 가지고 귀를 기울이는 사람들은 점점 '博'이 '精'으로 다듬어집니다. 시간이 지나면 이게 곧 내공이 되고 결국 선후배가 마음 놓고 일을 맡길 수 있는 인재가 되는 것입니다.

박이정을 연마하는 과정에서 주의해야 할 것 중 하나는 바로 '진짜 아는가.'에 대한 자기 검증입니다. 진짜 아는지 모르는지는 그 사람의 발표를 들어보면 바로 알 수 있습니다.

직장 생활을 하다 보면 발표할 기회를 종종 만나게 됩니다. 큰 자리에서 PT를 하는 것은 물론, 소규모 회의 자리에서 자기 의견을 말해야 하는 경우지요. 자신이 하고 있는 일을 얼마나 잘 설명하느냐에 따라, 그의 능력에 대한 인정이 이뤄지기도 하고 평가가 내려지기도 합니다. 그만큼 내가 아는 바를 잘 전달하는 일은 조직 생활에서 중요한 부분입니다. 스스로는 안다고 생각하지만 실은 알지 못하는 사람들이 발표를 하게 되면, 십중팔구 버벅거리거나 예상치 못한 질문 앞에서 얼어버립니다. 간혹 좀 못된 상사나 선배가 꼬아서 질문을 던지기라도 하면 거의 정신을 놓을 정도로 당황하고 뒤에 가서 이렇게 변명합니다.

"준비도 잘했고 아는 이야기인데……. 표현이 좀 부족했을 뿐이야. 게다가 그런 식으로 질문하면 주눅이 들어서 알던 것도 잊게 된다고."

하지만 이건 70~80퍼센트 이상 틀린 이야기입니다. 표현을 잘못 한 것이 아니라 포인트를 놓친 것이고, 주눅이 들어 잊은 것이 아니라 자기 의견에 대한 확고한 원칙을 가지지 못한 것입니다. 아무리 배배 꼬인 질문을 받아도 확실하게 알고 있으면 당당하게 대답할 수 있습니다. 꼭 정답이 아니더라도 자기 선에서 할 수 있는 최선의 대답을 내놓는 것이지요.

때문에 넓고 깊게 아는 것도 중요하지만, 제대로 잘 알고 있는가에 대한 점검을 끊임없이 해야 합니다. 특히 초급 간부, 임원으로 가기 전인 사원 시절에는 자신이 알고 있는 내용을 충분히 전할 수 있도록 노력해야 하는데 그러려면 정말 '제대로' 알아야 합니다.

멀티플레이어 vs. 스페셜리스트

이 모든 과정에서 필요한 것은 다름 아닌 시간입니다. 그래서 사회 초년생 시절에는 일단 다른 관심사를 끊고 일에 집중하라고 권하고 싶습니다. 멀티플레이어가 되기 전에 스페셜리스트부터 되는 것이 우선이기 때문입니다.

업무 그 자체의 깊이를 파악하고 내 것으로 만드는 데에도 오랜 시간이 걸리는데, 업무와 관련된 다양함을 받아들이는 데는 더 오랜 시간이 필요합니다. 아마 일에 몰두해본 사람이라면 24시간이 결코 긴 시간이 아니라는 데에 공감할 것입니다. 간혹 멀티플레이어의 정의를 '뭐든 다 잘하는 사람'으로 오인해, 회사 일 외에 다방면에 대한 지식과 능력이 출중한 것을 자랑하는 경우가 있습니다. 하지만 대부분은 직장에서의 멀티플레이어와는 거리가 먼 사람입니다. '일에서의 멀티플레이'는 '일과 관련된 여러 분야의 능력을 두루 갖추고 행하는 것'을 의미하기 때문이지요. 서로 연관성이 있는 것을 학습하고 익히는 데도 시간이 부족한 판에, 일과는 완전히 동떨어진 관심사에 눈을 돌린다는 것은 이도 저도 제대로 하지 못할 가능성만 높이는 일이겠지요.

회사는 SOP가 생명입니다. SOP란 속도(speed), 주인 의식(ownership), 열정(passion)입니다. 이 세 개를 갖추면 빨리 성장하는 것이고, 어느 하나라도 부족하면 평범한 길을 걷게 됩니다. 특히 업무 초년생에게는 스피드가 중요한데 일을 속도감 있게 잘하려면 완벽히 몰두하는 시간이 필요합니다. 실무자가 빠른 시간 내에 일을 처리하면 부족한 부분은 상사나 선배가 충분히 메꿔줄 수 있습니다. 하지만 실무자가 시간을 끌어 타이밍을 놓치면 그 이후에는 어떤 것도 할 수 없는 경우가 발생합니다. 그래서 속도가 생명이라고 하는 것입니다.

멀티플레이어를 꿈꾼다며 다양한 분야, 완전히 다른 관심사를 모두 완벽하게 즐기고 자기 것으로 만들 수 있는 사람이 있다면, 아마도 그는 초능력자가 아닐까요?

회사는 다 보고 있다

내 노동의 대가로 급여를 받는 프로들이 모인 곳이 바로 직장입니다. 회사는 이윤을 추구해야 하는 조직이고, 개인은 그 회사의 일원이라는 사실을 생각의 가장 위에 올려두어야 합니다. 이윤을 추구하는 조직이 사라지면 복지도 없고, 조직이 없으면 조직을 통한 나의 발전도 없습니다. 이 순서가 바뀌면 안 되는 것이지요.

당연히 회사는 개개인의 일거수일투족을 지켜볼 수밖에 없습니다. 내가 맡은 일을 잘하고 더 이상 완벽할 수 없게끔 처리한 후 취미 생활이나 개인 생활을 한다면 "거참, 능력 있네!" 하는 이야기를 듣게 될 것입니다. 하지만 반대의 경우 "아니, 일도 시원치 않으면서 뭐 저렇게 잡다하게 관심만 많아서…… 대체 앞으로 어떻게 살려고 하지?"라는 말을 듣게 되겠지요.

그렇다고 해서 업무 외에 그 어떤 것에도 관심을 갖지 말라는 말은 아닙니다. 전 관심사를 다양화하는 것이 바람직하다고 생각합니다. 인간의 뇌와 능력에는 나도 모르게 경계가 만들어집니다. 하나에만 몰두하다 보면 시각이 좁아지고 생각과 행동이 편협해집니다. 외골수 소리를 듣거나 일밖에 모르는 일벌레라는 평가를 받고 있다면, 관심사를 넓혀 자신의 뇌와 능력에 한계를 만든 벽을 허물어야 할 필요가 있습니다.

업무 외에 가질 수 있는 관심사는 다양합니다. 그건 제가 한창 실무를 하던 1980년대에도 똑같았습니다. 당시는 지금처럼 모바일로 주식을 거래하는 것이 아니라 장이 열리는 9시에 전화로 주식을 주문했습니다. 동료들 중에서는 출근하고 9시부터 주식거래로 하루를 시작하는 사람도 있었습니다. 그런 친구들은 잡담을 할 때도 다양한 관심사를 드러내곤 했는데, 결국 시간이 지난 후 그들 중 회사에서 잘된 사람은 없습니다. 그나마 다소 한정적인 관심사를 나누었던 그때와 달리 지금은 관심의 분야도 훨씬 다양해졌습니다. 취미 생활, 여가에 대한 관심일 수도 있고 재테크나 재산 증식에 대한 관심일 수도 있습니다. 그리고 우리는 이런 다양함을 즐기고 누리는 것을 권장하는 풍조의 사회에 살고 있지요.

다만 제가 권하고 싶은 것은 입사 후 적어도 3~5년 정도는 이런 관심사를 잠시 미뤄두라는 겁니다. 처음 조직에 들어와서 몇 년은 자신이 맡은 직무에 충실해야 할 때입니다. 업무 외의 관심사도 좋지만, 일단 주어진 일을 제대로 해내는 것이 '조직' 안에서는 무엇보다 중요합니다. 만약 프리랜서로 일하고 있고 어딘가에 속하지 않은 상황이라면, 굳이 그러지 않아도 될지 모릅니다. 하지만 '조직' 안에 있다면 내 업무, 내 일이 우선시되어야 합니다. 즉 선택과 집중이 필요하다는 것입니다.

앞에서도 말했지만 직장은 일을 하는 곳이고, 내가 자기 계발을 하는 학교가 아닙니다. 당연히 성과에 대한 의무와 책임이 주어지고, 이를 살펴보는 선배와 상사가 있습니다. 개인에게 주어진 24시간을 자기가 원하는 대로 쓰는 건 그야말로 자유입니다. 하지만 적어도 회사 내에서는, 즉 내 시간과 노동을 투여하고 그 대가를 받는 동안에는 일에 집중해야 합니다. 그것이 회사에 들어가는 순간부터 나와 회사가 맺은 계약이기 때문입니다.

13

일 잘하는 사람의 회전력

멀티태스킹에 약한데, 이를 어떻게 극복해야 할까요?

앞에서도 말했듯, 관심이 많아서 여기저기를 기웃거리는 것과 멀티태스킹을 혼동하는 경우가 있습니다. 하지만 이 둘은 분명 다릅니다. 전자가 산만함이라면 후자는 다양함을 컨트롤하는 능력입니다. 손에 쥐고 있는 일의 실타래가 꼬여 있는지, 아니면 하나하나 팽팽하게 유지되어 있는지를 생각해보면 됩니다.

멀티태스킹은 결국 '접시돌리기'다

멀티태스킹은 쉽게 말해 서커스에서 볼 수 있는 접시돌리기입니다. 접시돌리기 공연자는 막대기 위에 우선 접시를 하나 올려놓고 돌리기 시작합니다. 그리고 차근차근 다른 접시를 돌려 각각 다른 막대기에 올려놓습니다. 이때 먼저 올린 접시의 회전이 느려지면 얼른 그 접시를 다시 돌려 회전력이 유지되게끔 조치합니다. 그렇게 여러 개의 접시는 돌리기 시작한 시간이 각각 다름에도 불구하고, 동일한 속도로 다양한 높이에서 신나게 돌아갑니다.

직장 생활에서의 멀티태스킹은 접시돌리기와 크게 다르지 않습니다. 다양한 주제들에 대해 끊임없이 관찰하고, 이것이 실패하거나 잘못되지 않도록 끝까지 챙겨야 하기 때문입니다. 이때 다방면에 관심이 깊어 여기저기 참견하는 산만함과 멀티태스킹이 같은 선상에 있다고 착각하면 안 됩니다. 보통 멀티태스킹이 안 돼서 고민하는 사람들은 이렇게들 말합니다.

"무언가에 빠져 있으면 다른 일을 잊어버리는 경우가 많아요. 모르는 새에 놓치는 게 많아집니다."

"두세 가지 일을 동시에 하다 보면, 이도 저도 안 되는 경우가 많습니다. 경력이 쌓일수록 몇 가지 일을 머릿속에 넣어두고 우선순위에 맞춰 진행해야 하는데, 그런 능력이 없는 게 고민입니다."

즉 다양한 분야에 대한 관심이 넘치는 게 아니라 그걸 컨트롤하지 못해 고민하는 것이지요. 다양한 일을 컨트롤하는 능력은 일종의 '회전력'이라고도 할 수 있습니다. 일반적으로 회전력이라 함은 물체를 회전시키는 힘을 뜻하지만, 직장 생활에서의 회전력은 일이 돌아가게 하는 능력이지요.

이는 연차가 올라갈수록 더 필요한 능력입니다. 사회 초년생은 주어진 일을 잘하고 업무 능력의 깊이를 만드는 데만 집중해도 시간이 모자란 경우가 많습니다. 그러다 중간 관리자가 되고 임원이 되면 한 가지 일에만 몰두하기보다는 다양한 일을 종합적으로 봐야 합니다. 내 일, 내 팀의 일뿐 아니라 다른 부서와의 협업, 다른 팀에서 넘어오는 일을 한꺼번에 처리해야 할 때도 있죠. 때로는 몰두하던 일을 놓고 바로 다른 일에 투입되어야 하는 경우도 생깁니다. 즉 일에 대한 스위치를 몸에 여러 개 심어두고, 필요에 따라 하나씩 혹은 여러 개를 동시에 껐다 켰다 할 수 있어야 한다는 것이지요.

그렇다면 멀티태스킹이 능숙한 멀티플레이어가 되려면, 어떤 노력을 해야 하고 어떤 훈련을 해야 할까요?

가장 기본적인 방법은 투 두 리스트를 작성하는 것입니다. 앞에서도 말한 것처럼 퇴근 전 내일의 할 일을 적고 자기 평가를 하는 리스트 외에도 주 단위, 월 단위로 기록하고 챙기는 광범위한 리스트가 필요합니다. 리스트를 작성하는 요령 중 하나는 본인이 평균적으로 선후배에게 긴급히 요청받는 업무의 양을 고려해서 최대 60~70 퍼센트, 기본적으로 50퍼센트 내외 비율로 리스트를 기록해 운영하는 것입니다. 또한 리스트를 만든 후에는 꼭 실행과 검증의 과정이 함께 이뤄져야 합니다.

참고로 제 경우 리스트의 한 부분에는 함께 일하는 동료들의 각종 경조사도 적곤 했습니다. 소소하게나마 경조사를 챙기면서 작은 것을 놓치지 않는 습관을 들이니, 소통의 폭도 넓어지고 필요시 도움을 주고받는 유대 관계도 더 끈끈하게 만들어지더군요.

무엇보다 리스트를 만들어 실행할 때는 본인에게 한 번씩 질문하는 과정도 반드시 필요합니다.

'내가 하는 일의 끝이 여기일까? 이게 전부인가?'

'이 일이 다른 부서와는 전혀 관계가 없나?'

'혹시 나만 끝났다고 생각하는 게 아닐까?'

다양한 시각에서 자신의 리스트에 질문을 던짐으로써, 혹시 놓칠 수도 있는 빈 곳을 찾아내 보완하는 것입니다. 이런 질문의 과정, 이를 보완하면서 하는 행동 자체가 곧 멀티태스킹의 시작이 됩니다.

일은 결코 혼자 할 수 없다

2006년 즈음은 피처폰이 주류를 이루던 때였습니다. 당시 삼성 전자 무선사업부 개발실은 수원과 구미 두 곳으로 분리되어 있었습니다. 영국에서 귀국한 후 상품기획팀에서 일하던 제가 2007년 개발관리팀으로 발령받았을 때는 분리된 개발실을 하나의 조직으로 통합하라는 미션이 함께 주어졌습니다.

당시 개발관리팀은 30~40명 정도의 인원이 수원과 구미에 나뉘어 일하고 있었는데 맡은 업무는 개발 다음 단계인 검증, 제품 기술과의 협업을 통한 생산 연결이었습니다. 개발실 내에서 운영되는 프로젝트 수가 연간 300여 개에 달하다 보니 말 그대로 일이 산더미 같았습니다. 그 많은 프로젝트 관리를 30~40명이 해야 하니 기본 퇴근 시간은 저녁 10시였고 필수 불가결하게 상품기획, 마케팅, 영업, 제품 기술 신뢰성, 생산 조직을 연결하는 허브 조직으로 운영될 수밖에 없었습니다. 당연히 개발관리팀으로 좋은 말도 들어오지만 나쁜 말, 힘든 상황, 해결이 필요한 문제가 밀려오는 경우가 더 많았습니다.

폰이 국내에만 풀리는 것이 아니다 보니 각각 유럽, 미주 등 국가별 책임제로 업무를 봤는데 여기서 성과가 나지 않으면 매주 개최된 회의에서 최고 경영진에게 질타를 받는다는 압박도 거셌습니다. 도저히 혼자서 파악하고 응대할 수 있는 환경이 아니었던 거죠.

몸을 100개로 쪼개도 멀티플레이어가 될 수 없는 상황에서, 제가 그 일을 할 수 있게 해준 것은 다름 아닌 동료들이었습니다. 개발에서 예상되는 문제점 파악 혹은 개발 다음 단계를 진행해야 하는 제품 기술부서와의 사전 조율을 통해, 이미 두 발짝 앞을 준비해놓고 제가 임원으로서 빠른 판단과 진행을 할 수 있게끔 도와준 것입니다. 전 과정을 시스템화해서 자세하게 파악할 수 있도록 해주니, 어디서부터 어떻게 해야 할지 모를 만큼 산재된 일이 점점 체계가 잡혀가더군요. 쌓여 있던 이삿짐이 차곡차곡 틀에 맞춰 정리되는 모습을 보는 것처럼 말입니다.

즉 멀티태스킹에서 중요한 것은 동료와의 협업입니다. 동료들을 신뢰하고 그들의 능력을 나의 멀티플레이 안에 흡수할 수 있어야 합니다. 회사의 일은 결코 혼자 할 수 없습니다. 아무리 능력이 뛰어나고 탁월한 사람이라도, 자기 혼자 잘해서는 성과를 올릴 수 없기에 동료와 함께 일할 줄 아는 것은 기본적인 덕목이자 출중한 능력입니다.

처음에는 '좁게', 다음에는 '넓게'

동료들을 신뢰하고 그들의 능력을 나의 멀티플레이 안에 흡수하라는 말은 외골수를 벗어나라는 뜻이기도 합니다. 내 한 발이 치열한 일의 현장에 박혀 있다면 다른 한 발은 다른 분야, 더 넓은 세계를 향해 뻗어 있어야 합니다. 그리고 밖으로 빠진 한 발이 주는 정신적 여유를 지혜롭게 즐길 수 있어야 합니다. 그래서 일에 집중해 깊이를 만드는 초년생을 지난 후에는 최대한 다양하게 공부하고 취미를 즐기며 시야를 넓히라고 권하는 것입니다. 가장 쉬운 방법인 독서를 통해서라도 내 분야가 아닌 다른 분야, 다른 세계를 끊임없이 만나야 합니다.

엔지니어처럼 이과 전공자들의 경우 역사, 인류 문명사, 철학 등 시대의 흐름을 이해하고 생각하는 분야의 책을 반드시 읽기를 권하고 싶습니다. 역사가 돌아가는 원리 등을 알게 되면 시야가 넓어집니다. 기술 분야와 무관한 사람들의 경우 기술의 역사, 과학기술사 등 1800년대 중반 전후를 기점으로 기술 발전이 세상에 끼친 영향을 살펴보기를 권합니다.

특히 제 경우는 '한 권으로 읽는'이라는 부제가 붙은 책을 우선적으로 선택해서, 연대표와 함께 흐름을 파악하기를 즐깁니다. 역사의 경우 일방향적으로 흐르는 것이 아니라 서로 연관성을 주고받게 되는데 이를 알기 위해서는 종합적으로 보는 시각이 필요한 까닭입니다. 마치 바둑판의 줄과 줄 사이에 회심의 한 수를 놓기 위해, 전체를 보고 연결점을 찾아 이길 방법을 도출해내는 것과 같다고 보면 되겠습니다.

시각이 넓어지면 자연히 멀티플레이가 가능한 내공이 쌓이고, 그 안에서 핵심을 뽑아내는 안목도 길러집니다. 하루아침에 만들어질 수는 없겠지요. 초기에는 일에 집중하면서 깊이를 만들고, 연차가 쌓이면 고개를 들어 주변을 보는 '삶의 순서도'를 그리고 실행해보기를 권하고 싶습니다. 노력한 만큼 자연스레 일의 흐름과 본질을 이해하면서 멀티플레이어로 성장할 수 있을 테니까요.

14

제대로 vs. 멋대로, 질문의 자기화

조직에서 질문은 어디까지 가능한가요?

제대로 된 질문은 발전을 가져옵니다. 모르는 내용을 질문하는 것도 당연한 일입니다. 하지만 가끔은 자신의 질문이 정말로 궁금해서 하는 것인지, 아니면 한탄을 질문 형태로 하고 있는 것인지 자기 검열을 해볼 필요가 있습니다.

'나는 지금 제대로 가고 있는가?'

모든 질문은 스스로에게 먼저 해야 합니다. 즉 질문의 자기화가 필요합니다. 제 경우 질문의 가장 큰 화두는 '내가 지금 제대로 가고 있는가?'라는 것이었습니다.

경험하는 모든 일 앞에 이 질문이 붙으니 자연스레 자기 검증을 하게 되었죠. 질문의 방향이 남이 아닌 나를 향해 있기에, 그에 대한 답도 내게서 찾으려는 노력이 당연했습니다. 그렇게 시간이 지나 연차가 쌓이다 보니 질문에 대한 몇 개의 공식 아닌 공식이 보이기 시작했습니다. 이것이 '제대로' 된 질문의 힘입니다.

본인에게 스스로 먼저 질문하는 사람은 다른 사람에게 바른 답을 얻어낼 준비가 되어 있습니다. 설명을 하자면 이렇습니다.

자기가 할 만큼 집중해서 일한 사람이 던지는 질문은 맥락이 정확합니다. 전체적으로 알고 나서 하는 질문이기 때문에, 핵심을 짚어 물어볼 수 있습니다. 그러면 대답하는 사람도 범위가 명확해집니다. 일에는 늘 병목(bottle-neck)이 있는데 선배나 상사는 질문을 통해 후배가 그 병목 근처까지 와서 고민하는 것인지, 아니면 병 바닥에서 헤매고 있으면서 괜스레 질문을 던져보는 것인지를 알아챌 수 있습니다.

당연히 평가도 '이것만 딱 잡아주면 또 쭉쭉 나가겠구나.'와 '아무엇도 몰라서 이런 질문을 하는구나.'로 나뉘게 되겠지요. 질문을 해서 답을 얻고 싶으면 전자가 되어야 하지 않겠습니까? 그래서 저는 후배들에게 "구사일언(九思一言)"을 이야기합니다. 묻기 전에 적어도 아홉 번은 생각하라는 뜻이지요. 좋은 질문은 대답을 해주는 사람도 함께 성장시킵니다. 세 명이 길을 가면 그중 반드시 스승이 있다는 "삼인행필유아사(三人行必有我師)"라는 말이 딱 맞는 표현입니다.

그렇다고 무조건 생각을 오래 하라는 뜻은 아닙니다. 아홉 번 생각하라는 말은 그만큼 깊이 있게 다방면으로 고려해보라는 뜻이지, 생각을 묵히라는 의미가 아닙니다. 일의 생명은 늘 스피드입니다. 아무리 성과가 좋아도 스피드가 늦으면 안 됩니다. 오늘 싱싱한 활어로 팔아야 할 것이 타이밍을 놓쳐 건어물이 되면 일이 틀어집니다. 만약 내가 누군가에게 "그 일 어떻게 되었어?"라는 질문을 역으로 받는다면, 일단 감점이라고 생각해야 합니다. 타이밍을 놓친 것이기 때문입니다. 이런 질문을 자주 받게 되면 자연스레 기가 죽으면서, 정말로 해야 할 질문을 하지 못하고 우물쭈물하게 됩니다.

사실 일의 수준과 완성도는 나 외에 모든 사람이 함께 만들어가는 것이기에, 내가 좀 부족해도 서로 힘을 모아 성과를 낼 수 있습니다. 하지만 일의 속도는 전적으로 내 몫입니다. 제때 브리핑하고 의견을 묻고 진행을 체크하는 스피드가 필요합니다. 이때 중요한 것이 바른 질문이겠지요. 즉 일에 대해 깊이 생각해서 핵심을 파악하고, 바르고 빠른 질문을 토대로 일을 속도감 있게 진행하는 것이 '질문을 통해 일을 잘하는 방법'이라고 할 수 있겠습니다.

질문인가, 의문인가

신입 사원이나 다른 회사에서 경력직으로 입사한 경우, 조직 문화나 업무 방식이 낯설기 때문에 질문이 많아질 수밖에 없습니다. 짧게는 3개월에서 1년까지 업무 적응 기간으로 생각하는 데는 이유가 있는 것이지요. 이때 다양한 교육 기회도 주어지고, 직장인으로서의 모습을 갖출 수 있는 시간도 주어집니다. 그런데 이 시기에 너무 사소한 것까지 시시콜콜 물어보기 시작하면, 자칫 선배나 멘토 입장에서는 인내심이 없거나 중요하지 않은 일에 집착하는 사람으로 보일 수 있습니다.

회사는 다양한 사람들이 모여 움직이는 작은 사회입니다. 각 조직마다 문화가 있고 질서가 있는데, 이건 업무와는 또 다른 결이기에 책으로도 매뉴얼로도 나와 있지 않습니다. 그저 이해하고 받아들이는 노력의 시간이 필요할 뿐입니다. 이런 노력 없이 무작정 왜냐고 묻기 시작하면 곤란합니다. 이것은 제대로 된 질문이 아닙니다. 자기 멋대로, 맘대로 묻는 일일 뿐이지요.

제 경우 입사 3년 차 이후 돌아보니, 1년 차 때 했던 고민이 참 별것이 아니었다는 사실을 느낀 적이 있습니다. 살짝 부끄럽기까지 하더군요. 3년이 지나서야 그때 선배가 이야기했던 "조금 참고 이겨내라."라는 조언이 무작정 버티라는 의미가 아니라, 스스로 문화에 적응할 시간을 주고 그 시간 동안은 참아보라는 뜻이었음을 깨달았습니다.

이후 저는 후배들에게 "대나무 숲을 가꾸는 마음으로 내 말을 들어주는 선배 셋을 만들라."라는 조언을 자주 합니다. 회사에 입사하게 되면 자연스레 선배가 생기고 멘토가 만들어집니다. 신입 사원 시절에 만나는 이 선배와 멘토가 참 중요합니다. 어떤 사람을 만나느냐에 따라 직장 생활이 쉽게 흘러가기도, 어렵게 흘러가기도 하기 때문입니다.

사실 직장 생활에서 겪는 고민의 배경은 일 자체가 너무 어려워서 힘든 것보다는, 사람과 사람 사이의 갈등인 경우가 더 많습니다. 즉 인간관계로 인한 갈등에서 일이 꼬이게 되는 것이지요. 이를 풀어나가기 위해 누군가에게 질문을 해야 하는데 이게 참 난감합니다. 저 또한 그런 불편함을 경험해본 적이 있지요. 다행히 대학 동문인 선배가 한 분 있어 가끔 그 선배에게 질문하곤 했습니다.

"형, 내가 생각할 때 이건 진짜 아닌데 대체 어디까지 참아야 해요? 너무 비상식적인 거 아니에요?"

지금 돌이켜보면 질문이라기보다는 하소연이나 한탄에 가까운 말이었지만, 그때마다 선배는 제 어깨를 툭툭 치면서 "그게 사회생활이고 직장 생활이다. 이런 사람 저런 사람 다 있는데 어떻게 다 네 맘에 맞기만 하겠냐. 일단 견디고 넘어가다 보면 좋은 시간 온다."라는 위로와 격려를 건네주었습니다. 딱히 제 하소연에 대한 정답은 아니었지만, 일단 뭔가 털어놓은 것만으로도 해소가 된 느낌을 받았습니다.

포인트는 여기에 있습니다. 회사에서 상사나 멘토와 잘 맞으면 걱정이 없지만, 그렇지 않을 때는 내 답답함을 들어줄 인생 선배 몇 사람이 있어야 한다는 것입니다. 선배들은 자신의 일과 생활에 큰 방해가 되지 않는 이상 후배의 상담 요청을 거절하지 않습니다. 들어주고 조언해주고 신경 써주지 않으려는 사람은 선배가 아니지요. 요즘에야 그렇지 않지만 30~40년 전 회사의 조직 문화는 몹시 딱딱했습니다. 죽으라고 하면 거의 죽는 시늉까지 해야 하는 문화였기에, 뭔가 궁금해도 질문할 수 있는 분위기가 아니었습니다. 하지만 요즘은 다릅니다. 본인 생각이 뚜렷하고 옳다는 확신만 있으면, 지위를 가리지 않고 자유롭게 질문하는 문화입니다. 전 이런 문화가 옳다고 생각합니다. 그래야 조직이 발전할 수 있습니다.

다만 질문을 할 때도 몇 가지 지켜야 할 격이라는 것이 있습니다. 자유로움, 당당함을 내세워 예의를 지키지 않고 질문하는 것은 바른 태도가 아닐뿐더러 오히려 무례한 공격이 될 수 있음을 알아야 합니다.

예를 들어 부서나 회사를 옮긴 후 기존에 있던 곳과 비교하며 "거기는 그랬는데 여기는 왜 이러냐?"라는 식의 질문은 듣는 사람을 몹시 불쾌하게 만드는 공격입니다. 설혹 정말로 기존의 부서나 회사가 좋았고 지금 있는 곳이 개선해야 하는 점이 있다 하더라도, 이런 식의 비교 질문은 금물입니다. 개인이 해결할 수 없는 부분을 질문함으로써 상대를 불편하고 곤란하게 만들 수 있기 때문입니다. 질문은 '알고자 하는 바를 묻는 것'이고, 의문은 '의심스럽게 생각하는 것'입니다. 질문을 던지는 척 조직에 대해 의문을 표하는 일은 지양해야 합니다.

질문하는 리더의 힘

제대로 된 질문은 리더에게도 중요합니다. 협업을 가장 저해하는 요인 중 하나는 리더들이 부정적인 생각이나 무관심으로 '질문'을 던지지 않고 '의문'을 표하는 것입니다.

"해봐⋯⋯. 근데 그거 되겠나?"

"글쎄⋯⋯. 꼭 그렇게까지 도와주어야 해? 자네 일도 바쁜데. 자네가 할 수 있으면 해봐. 대신 자네 일이 딜레이되면 안 돼."

"난 잘 모르겠는데? 자네들끼리 잘해봐."

이것은 모두 질문이 아니라 의문이지요. 리더가 확신 없이 의문만 남발하면 구성원들이 어떻게 믿고 따라갈 수 있겠습니까? 리더는 무엇보다 질문이 중요한 사람입니다. 오픈 마인드로 끊임없는 커뮤니케이션을 통해 목표를 달성하도록 이끌어야 하지요. 후배들에게 의견을 물어보고 그들의 생각이 옳다면 그리로 가야 합니다. 그렇게 하면 후배들은 더욱 열심히 의견을 낼 것이고, 더욱 자발적으로 일할 것이며, 이것이 불씨가 되어 전체 목표 달성을 위한 협업의 에너지가 커질 것입니다. 조직은 선순환하겠죠. 이것이 질문하는 리더의 힘입니다.

15

단순 명료한 글쓰기의 비결, KISS

이메일이나 보고서를 잘 쓰는 방법이 있을까요?

이메일도 보고서도 본질은 소통입니다. 만약 이 두 가지가 유난히 힘들다면, 그것은 글을 못 써서가 아니라 소통에 대한 기본기가 부족해서일 가능성이 높습니다. 형식이나 요령도 모두 원활한 소통을 위해 만들어진 도구임을 잊지 말아야 합니다.

왜, 누구에게 쓰는가

이번에는 좀 실무적인 이야기를 해보겠습니다. 기본적인 내용이지만 그렇기에 더욱 중요한 부분이기도 합니다. 바로 이메일과 보고서에 대한 이야기입니다.

사실 이메일을 못 쓰는 사람은 없습니다. 이메일이나 보고서를 안 써본 사람도 거의 없을 것입니다. 더군다나 요즘에는 신입 사원 OJT 등을 하면서 보고서 쓰는 교육을 기본적으로 하는 경우가 많으니, 설혹 처음에는 좀 낯설지 몰라도 금세 익숙해집니다. 업무가 많아지면서 겪는 여러 변수에 대처하는 요령이 필요할 경우도 있기는 하겠지만, 이메일이건 보고서이건 본질이 소통이라는 사실만 기억하면 의외로 많은 부분이 쉬워집니다.

이메일의 경우 단순 정보 공유나 해외 기사 번역, 설문 조사 같은 것은 수신인 대부분이 나중에 읽거나 그냥 넘어갑니다. 이런 이메일은 소통이 아닌 전달의 개념이기에 작성을 크게 어려워할 이유가 없습니다. 하지만 이메일을 통해 업무 협조를 요청하는 상황이라면 이야기가 달라집니다. 여러 부서의 다양한 지원을 통해 성과를 이끌어내야 하는 경우는 이메일 작성도 어렵고 복잡해지죠. 하지만 이럴 때도 다음의 세 가지만 확실하게 하면 일이 한결 수월해집니다.

첫째, 누가 받는지 파악해야 합니다.

핵심 수신처와 부수신처, 참조가 누구인지를 파악해야 합니다. 가장 빠르고 확실하게 해결하려면 선배나 상사에게 묻는 것이 상책입니다. 이런 기본적인 사항도 모른다고 야단맞진 않을까 걱정할 필요는 없습니다. 묻지 않고 실수하는 것보다 물어보고 실수하지 않는 편이 훨씬 낫습니다.

둘째, 소통의 대상을 정확히 해야 합니다.

메일을 쓰기 전 협조받는 부서의 실무자와 그 위의 선배, 상사가 누구인지도 파악해야 합니다. 대부분 조직에서는 부서장 등 상사들이 미리 구두로 전반적인 상황을 공유한 후 실무자들에게 업무를 지시합니다. 이후 상사들은 직원들이 이메일로 주고받는 내용들을 보며 큰 구조를 파악하고, 실제 업무는 실무자끼리 소통하며 진행하게 됩니다.

때문에 내가 메일을 보내는 상대가 나와 동등하게 일을 주고받을 수 있는 상대인지, 아니면 확인을 받고 의사 결정을 기다려야 하는 상대인지를 파악하는 것이 중요합니다. 그래야 일의 성과를 낼 수 있을지 아닐지, 미리 감을 잡을 수 있기 때문입니다. 비슷한 레벨끼리라면 빠르게 소통하며 일을 진행시킬 수 있지만, 그렇지 않다면 협조를 제대로 받기 어렵습니다. 이럴 때는 본인의 상사와 협의해서 소통의 대상을 조율할 필요가 있습니다.

셋째, 짧고 명료해야 합니다.

한 화면 안에서 모든 내용이 파악되도록 쓰는 것을 권장합니다. 보고서를 포함한 메일이라도 두 페이지 이상은 넘기지 않는 편이 좋습니다. 일단 첫 화면에서 결론이 보여야 합니다. 두 번째 화면에는 달성 방법과 업무 분담 내역 등을 구체적으로 기술하되, 세부 사항은 테이블에 기재합니다. 이 테이블에 각 업무의 담당자와 참조인을 기재하면 이후 지원 체계가 선명해져 더욱 좋습니다.

요점만 간단히, 즉 그냥 단순하게!

보고서의 경우도 비슷합니다. 이메일보다는 길어도 되지만 회사에서의 보고서는 의사 결정을 위한 도구이므로 요점만 간단히, 꼭 필요한 부분만 명시해야 합니다. 보고서를 쓰기 전에는 늘 'KISS'를 상기하길 바랍니다. KISS란 "Keep it simple, stupid.", "Keep it small and simple.", "Keep it short and simple." 등의 약자입니다. 표현은 다양하지만 의미는 하나입니다. 그냥 단순하게 두라는 것입니다.

또한 보고서는 연차에 상관없이 직접 써야 합니다. 공부도 혼자 할 때보다 남에게 설명하면서 할 때 이해가 잘되고 기억에도 오래 남는 것처럼 보고서도 그렇습니다. 직접 작성하는 과정에서 기획을 더 잘 이해하게 되고, 모든 제반 사항을 속속들이 장악할 수 있게 됩니다. 기획의 큰 그림을 그리고 그것을 내재화하는 일도 가능해집니다.

저는 임원들이 보고하러 오면 일단 보고서를 덮고 이야기하자고 했습니다. 고작 두세 장짜리 보고서도 기억하지 못한다는 건 남이 만들어준 걸 앵무새처럼 보고 읊는다는 뜻인데, 그렇다면 제가 굳이 그 사람에게 보고받을 이유가 없지 않을까요? 보고 방식을 이렇게 바꾸자 임원 상당수가 언젠가부터 아예 보고서를 보지 않게 됐습니다. 비로소 진정한 의미의 토론이 시작된 것이지요.

업무 관련 소통은 복잡하고 예민합니다. 그럴수록 보고서나 이메일은 간단하고 명료하게 핵심만 전달해야, 모두를 깔끔하게 이해시킬 수 있습니다. 선배나 상사의 의사 결정에 필요한 보고서라면 더욱 그래야 하고, 더 나아가서는 용기 있게 경우의 수까지도 제안할 수 있어야 합니다.

물론 사회 초년생이 이 수준까지 고민하긴 쉽지 않습니다. 하지만 선배나 상사에게 수시로 묻고, 스스로 고민하고, 자신이 쓴 보고서나 메일을 심사숙고하며 퇴고하는 과정을 거듭하면 언젠가 성장한 모습을 마주하리라고 생각합니다.

때로는 선을 넘을 용기가 필요하다

메일과 보고서를 쓰는 요령을 말하면서 비슷한 레벨끼리 소통하는 게 우선이라고 했지만, 이는 반드시 그래야만 한다는 뜻은 아닙니다. 이 모든 과정의 본질은 소통입니다. 이를 위해서는 때로 과감해질 줄도 알아야 합니다.

2007년의 일입니다. J책임으로부터 장문의 메일을 받은 적이 있습니다. 초급 과장 개발자가 제게 직접 메일을 보낼 일은 잘 없는데, 그만큼 사정이 다급했겠거니 하는 마음으로 읽기 시작했습니다. 처음에는 소프트웨어가 바뀐 일에 대한 불평인가 했지만 끝까지 읽어보니 그게 아니었습니다. 새로 바뀐 소프트웨어를 쓰면 개발자들 업무가 엉망이 된다는 것이 요지였는데, 논리 전개가 탄탄하여 구구절절 옳은 말로 들렸습니다. 컴퓨터 화면을 네 번이나 넘겨야 할 정도로 긴 메일이었지만, 처음부터 끝까지 꼼꼼히 읽을 수밖에 없는 논리 정연한 글이었습니다. 당장 담당자를 불러 자세한 사항을 전해 들었습니다.

이후 이 문제로 지원팀과 논의했지만, 감사 결과를 통해 진행된 사안이라 더 이상 어쩌지 못했다는 답변이 돌아왔습니다. 하지만 지원팀장과 관계사 SDS를 불러 상황을 공유하고 더 구체적으로 알아보니 감사 결과 일부를 수정, 보완하는 것이 SW 엔지니어들의 개발 환경을 위해서는 더욱 유리한 것으로 결론이 났습니다. 결국 기존 시스템을 조금 보완해 쓰기로 정리되었는데, 만일 J책임이 제게 직접 메일을 쓰지 않았다면 언젠가 분명 위기에 처했을 겁니다. 실무자의 용기 있는 메일이 이를 막아준 셈이지요.

이 사례는 소신과 용기가 얼마나 멋진 소통이 될 수 있는지 잘 보여줍니다. 소신이 뚜렷하고 근거가 확실하다면, 이를 관철하기 위해 용기를 내야 합니다.

3.

下意傾聽, 深思熟考, 萬事從寬, 以聽得心 *

관계경영

회사는 유기체입니다. 구성원이 다양하고, 각자의 생각과
입장에 따라 같은 상황에서도 모두가 다른 생각을 할 수밖에
없습니다. 이때 중요한 것이 배려입니다.
똑똑한 한두 명이 세상을 바꾸는 것은 맞습니다.
하지만 큰 조직을 이끄는 사람은 그 한두 명이 아닌
배려 있는 리더입니다. 즉 똑똑한 사람은 일을 이끌지만,
배려하는 사람은 조직을 이끈다고 할 수 있겠지요.

---

* **下意傾聽, 深思熟考, 萬事從寬, 以聽得心(하의경청, 심사숙고, 만사종관, 이청득심)**
  '아랫사람의 의견을 주의 깊게 듣고, 깊이 생각하며, 모든 일에 관대하고, 잘 들음으로써
  사람을 얻는' 것이 중요하다는 말처럼, 관계의 핵심은 경청이다.

16

관계도 능력이다,
사람을 품는 법

일보다 인간관계가 더 어려운데 어떻게 해야 할까요?

인간관계가 어려운 것은 맞는 말입니다. "열 길 물속은 알아도 한 길 사람 속은 모른다."라는 말이 있을 정도니까요. 스스로도 완벽하게 파악이 안 되는데, 내가 남을 정확히 알고 그와의 관계를 원만하게 가져가기란 결코 쉬운 일이 아닙니다. 그럼 어떻게 해야 할까요? 중요한 것은 '주고받지 않는 것'입니다.

팀의 분위기를 반전시킨 50초 브리핑

인간관계에 대한 얘기를 하자면 범위가 무척 넓어집니다. 가족, 친구, 이웃 등 우리가 살면서 맺는 인간관계는 그 종류도 많고 범위도 방대합니다. 그래서 저는 협의의 인간관계 중 직장 생활, 사회생활에서의 인간관계에 집중해서 말해보려 합니다.

1985년쯤의 일입니다. 입사하고 2년 정도 되었는데 그때 제 상사는 저보다 나이가 열 살 정도 많은 과장님이었습니다. 나이도 그렇고 승진도 늦은 분이 상사로 계시다 보니, 근무시간에 전체적으로 분위기가 가라앉아 있었습니다. 당연히 팀원들은 물론, 다른 부서에서도 선뜻 일 얘기를 하지 못했지요. 이런 식으로 일해서는 안될 거 같아 여러모로 고민이 되었습니다. 그래서 생각한 것이 50초 브리핑이었습니다.

매일 출근하자마자 큰 소리로 아침 인사를 하고 과장님에게 그날 해야 할 일을 짧게 브리핑했습니다. 어디까지는 팀원들이 할 테니 과장님은 이것만 좀 챙겨달라는 식으로, 거의 2개월 이상을 매일 빼놓지 않고 브리핑을 했습니다. 딱히 반응은 없었지만요.

그런데 3개월쯤 지난 어느 날입니다. 여느 때와 다르게 긴급하게 일이 하나 떨어져서, 모두가 출근하자마자 그 일에 달라붙어 있었죠. 저도 처음으로 50초 브리핑을 잊고 바로 일에 돌입했는데 오전 10시쯤 과장님이 제게 먼저 다가와 물었습니다.

"고동진 씨, 오늘은 뭐 할 얘기 없습니까?"

그 질문을 듣고 제가 얼마나 기뻤는지 모릅니다. 짧은 질문이지만 그 안에는 그동안의 브리핑을 그분이 다 듣고 있었다는 것, 그리고 브리핑 시간을 기다렸다는 것, 나와 관계 맺기가 이미 진행되고 있었다는 것들이 다 들어 있었기 때문입니다. 저는 얼른 투 두 리스트를 보여드리며 몇 가지를 말씀드렸습니다. 과장님은 희미한 미소를 띠고는 자기가 챙길 것은 챙기겠다며 자리로 돌아가셨습니다. 이후 팀 내 분위기는 점차 좋아졌습니다.

품는다는 것은 이런 것입니다. 내가 그릇이 커서 다 감당하겠다는 것도 아니고, 저 사람이 힘드니 공감하는 의미에서 나도 같이 힘들어하겠다는 것도 아닙니다. 다만 내가 할 수 있는 것을 하면서, 먼저 다가갈 수 있는 방법을 생각하는 것이 바로 품는 일입니다. 그날 이후 과장님과 저는 인간적으로 가까워졌고 과장님은 타 부서에 제 자랑을 많이 해주었습니다. 덕분에 제 인간관계 영역도 자연스레 넓어졌고 말입니다.

이때의 경험으로 저는 그 이후에도 출근하면 선배, 상사에게 먼저 다가가 밝게 인사하며 오늘, 이번 주, 이번 달의 일들을 브리핑하며 하루를 시작했습니다. 인간관계를 위해 제 하루 시작의 루틴을 그렇게 정한 것은 아닙니다. 일의 방향이나 지시 사항을 웃으며 재확인할 수 있는 시간으로 활용함으로써, 나와 같이 일하는 사람들의 하루가 명확해지기를 바랐을 뿐입니다. 아무리 무뚝뚝한 사람도 웃으면서 하는 50초의 브리핑을 싫어하지는 않을 테니 한번 시도해보기를 권합니다.

모든 것은 '나'로부터 시작된다

회사는 1년 365일 누군가 나를 지켜보는 곳입니다. 관계를 주고받는 시간보다 일방적으로 내가 관찰당하는 시간이 더 긴 곳이라는 뜻입니다. 선배, 후배 또는 상사, 주변 부서까지 나를 보고 있지요. 딱히 관심을 기울이지 않더라도 내 행동과 태도가 그들의 눈에 쉽게 띈다는 의미입니다. 그런데 내 행동과 말에 대해 필요한 조언을 해주기보다는 '저 친구는 저런 사람이구나.' 하고 단정 짓고 넘어가는 경우가 더 많습니다. 때문에 첫 단추를 잘못 끼우거나 관계 맺기에 문제가 있다면 인간관계를 넘어 직장 생활 자체가 힘들어집니다. 반대의 경우에는 더 넓은 관계 형성이 가능해지고요.

여기서 핵심은 '나'로부터 모든 것이 시작된다는 것입니다. '나'를 지켜보고 '나'에 대해 판단하면서 인간관계가 시작되기 때문입니다. '나는 이런 사람'이라고 구구절절 설명할 기회가 없는 직장 생활에서의 인간관계는 스스로를 돌아보고 '나'로부터 나오는 모든 것을 점검하는 게 먼저 실행되어야 합니다.

보통 직장 생활에서의 인간관계가 힘들 때는 남이 문제가 되는 경우도 많지만, 나 자신으로부터 비롯되는 경우도 적지 않습니다. 하지만 이렇게 얘기하면 종종 "상사가 너무 이상해서 관계를 좋게 맺으려고 해도 그럴 수가 없다." 혹은 "진짜 성격 이상한 동료 때문에 힘들다."라는 어려움들을 호소하며, 내 문제가 아닌 남의 문제라고 말하는 경우가 있습니다. 물론 실제로 정말 이상한 사람들이 있을 수도 있겠으나, 이런 경우 저는 다음과 같이 묻습니다.

"혹시 그 사람들을 품을 생각을 해본 적이 있는지요?"

그러면 대부분 "먼저 다가가는 것도 힘든데 품기까지 해야 하나요?", 혹은 "선배를 제가 어떻게 품습니까?"라는 대답을 합니다. 하지만 앞에서도 말했듯, 품는다는 것은 무조건 이해하고 받아들이는 것이 아닙니다. 주고받으려는 계산 없이 내가 할 도리를 하는 것입니다. 서운하고 힘든 건 상대로부터 반응이 있기를 바라고 어떤 행동을 했을 때 밀려오는 감정이니까요.

겸손은 어떻게 힘이 되는가

"자겸즉인필복, 자과즉인필의(自謙則人必服, 自誇則人必疑)."

중학교 2학년 때 알게 된 이 글귀는 중국 청나라 문장가인 신함광의 문장입니다. 자신을 낮추면 주위 사람이 따를 것이요, 자신을 과시하면 주위 사람의 의심을 살 것이라는 뜻입니다. 칠판에 선생님이 적어주셨던 이 글귀는 그때부터 지금까지 쭉 저의 좌우명이 되었습니다.

직장 생활을 하다 보면 진짜 똑똑하고 천재 같은 사람들이 곳곳에 포진해 있습니다. 그런데 그들이 인간관계에 있어서도 천재적으로 훌륭한지 살펴보면 그건 또 아닙니다. 오히려 능력은 좀 부족해도 겸손한 사람들 주변에 훨씬 많은 사람들이 모입니다. 아무리 똑똑해도 겸손하지 않은 독불장군들의 미래는 별로 좋지 않습니다. 간혹 이런 사람들 중에서도 높은 자리까지 올라가는 경우가 있긴 합니다. 그들은 과연 완벽한 성공을 한 것일까요? 전 그렇게 생각하지 않습니다. 회사 생활이란 길어봐야 수십 년입니다. 우리 인생은 그보다 훨씬 깁니다. 즉 회사를 떠난 후에도 최소 20~30년, 최대 30~40년의 삶이 기다리고 있다는 뜻이지요.

때문에 좋은 인간관계를 원한다면 먼저 겸손을 내 몸에 탑재해야 합니다. 특히 회사는 일을 통해 인간관계도 만들어지는 곳이기 때문에, 일을 진행하면서 내가 거만하게 행동하면 결코 좋은 관계가 형성될 수 없습니다. 물론 인간관계를 위해 일하는 것은 아닙니다. 다만 나의 거만함이 '소문'이 되고 그러다 결국 '사실'이 되면, 내 편에서 일하는 사람들까지도 불편하게 만드는 상황이 발생할 수밖에 없습니다. 컴플레인이 들어오면 그걸 누가 처리하겠습니까. 상사나 선배가 수습하고 챙겨야겠지요.

이런 일이 반복되면 상사나 선배가 계속 그 사람을 신뢰하고 일을 맡길 수 있을까요? 그렇지 않습니다. 자연스레 '손절'의 절차를 밟게 됩니다. 결국 모든 문제는 나로 인해 시작됨을 명심하고, 겸손하게 모두를 대하는 습관을 가져야 합니다. 매사에 공정하게 해야 하고 모두와 상생해야 합니다.

독불장군에게는 미래가 없습니다. 내가 을이라고 절절맬 필요도 없고, 갑이라고 목에 힘줄 필요도 없습니다. 오늘의 갑이 내일의 을이 되기도, 내일의 을이 모레의 갑이 되기도 하는 것이 직장 생활이고 삶입니다. 거만하게 목에 힘을 준 채 살아가는 사람의 인간관계는 결국 황폐해집니다.

인간관계는 말 그대로 인간끼리의 관계입니다. 생에서 직장 생활이 전부가 아닌 것처럼, 인간관계 역시 직장 내에만 한정되지 않는다는 사실을 명심하고 모두를 겸손하게 대하길 바랍니다. 참 무서운 말이지만 정말 맞는 말 중 하나가 바로 "어디서든 만난다."입니다. 이를 늘 기억하면 인간관계를 맺는 데 있어 기준이 생기지 않을까 합니다. 그리고 그 기준의 뿌리가 겸손함임은 자꾸 강조해도 모자람이 없을 만큼 중요하다는 사실을 잊지 말았으면 좋겠습니다.

17

'불평' 말고
'컴플레인'을 하라

컴플레인을 지혜롭게 하는 방법이 있을까요?

컴플레인이 어려운 이유는 하는 쪽도 받는 쪽도 시스템이 아닌 사람이기 때문입니다. 아무리 공적인 소재로 이야기를 해도, 결국 사람이 하는 일이라 사적으로 받아들이거나 상처를 주고받을 수 있게 됩니다. 때문에 컴플레인도 소통과 관계의 영역에 속한다고 볼 수 있습니다.

회사는 유기체다

회사는 유기체입니다. 구성원이 다양하고, 각자의 생각과 입장에 따라 같은 상황에서도 모두가 다른 생각을 할 수밖에 없습니다. 다른 생각들이 부딪히면 불만이 발생하고, 이는 다양한 형태의 컴플레인으로 이어집니다. 지난 38년 동안 저 역시 상사나 선배에게 다양한 컴플레인을 해보기도 했고 제가 받아보기도 했습니다.

여러 기억들이 교차하는 가운데, 돌아보면 그래도 상사나 선배가 제 컴플레인을 담담하게 들어주고 관대하게 감싸주었을 때가 가장 오랜 여운으로 남아 있습니다. 이는 결국 의견 차이로 인한 대립보다는, 상대에 대한 공감과 이해가 선행해야 소통의 물꼬가 트인다는 말로 정리됩니다. 즉 올바른 컴플레인은 관계경영에 있어 중요한 요소 중 하나입니다.

1998년 IMF 시절의 일입니다. 당시 저는 그룹 인사팀 부장으로서 해외 인력을 축소하는 구조 조정의 실무를 맡았습니다. 신발이 발에 맞지 않는데 신발을 늘리지 못하고, 대신 발을 깎아내야 하는 참담한 시절이었습니다. 주어진 일이니 최선은 다했지만 개인적으로는 무척 슬프고 괴로웠습니다. 그래서였을까요? 일이 어느 정도 마무리될 즈음, 팀원이 모두 모인 자리에서 저도 모르게 불쑥 팀장님에게 컴플레인을 걸었습니다.

"팀장님, 지금 상황은 사실 경영진 잘못으로 벌어진 건데 애꿎은 주재원들만 피해를 보는 것 같습니다."

회의 분위기가 순식간에 싸늘해졌습니다. 모두가 날카로운 시기였기에 더욱 그랬을 것입니다. 잠시 침묵이 흐른 뒤 팀장님은 별말씀 없이 회의를 마무리하고 자리를 뜨셨습니다. 그리고 다음 날, 팀장님이 관련 간부 모두를 점심 식사에 초대했습니다. 식사를 마칠 무렵 팀장님은 IMF로 인한 구조 조정이 얼마나 절박한 문제인지 차분히 설명하기 시작했습니다. 그리고 마지막에 이렇게 덧붙이셨지요.

"인간사에도 봄, 여름, 가을, 겨울이 다 있잖나. 지금은 겨울이야. 겨울엔 우선 살고 보는 게 가장 중요해."

저를 보면서 말씀하신 것은 아니었지만 분명 전날 제가 한 컴플레인에 대한 대답이었습니다. 너그럽지만 단호했던 팀장님의 목소리, 모습, 그 순간의 공기까지도 생생하게 기억합니다. 그 팀장님은 이후 삼성 관계사 사장으로 가셨고, 지금도 존경하는 선배님으로 종종 만나 식사하고 추억을 나누는 관계를 이어가고 있습니다.

사실 당시 제가 한 컴플레인의 이면에는 약간의 우쭐함이 있었습니다. 부장으로서 해외 근무자를 대변한다는 마음이 도사리고 있었던 겁니다. 그래서 회의 석상이 아닌 별도의 자리에서 개인적으로 해도 될 얘기를 그렇게 불쑥 꺼냈다는 아쉬움이 있습니다. 그러나 부족한 부장의 목소리를 흘려듣지 않았던 팀장님 덕에 컴플레인에 대한 태도를 배울 수 있었습니다. 그때 들었던 봄, 여름, 가을, 겨울에 대한 비유는 제가 삼성에 근무하면서 가장 많이 인용하는 어구이기도 합니다.

그 시절만 해도 회사 내에 문제를 제기하거나 자유로이 소통할 만한 창구가 없었지만, 지금은 많이 달라졌습니다. 관심만 있다면 다양한 플랫폼을 통해 부하 직원들의 고민과 컴플레인을 확인할 수 있습니다. 따라서 선배나 상사의 위치에 있는 사람이라면 이를 주기적으로 들여다보고 고민해야 합니다. 모두 옳은 이야기는 아니겠지만, 열에 하나라도 정말로 개선이 필요한 사항이 있다면 이를 간과해서는 안 됩니다. 사소한 컴플레인 하나가 큰 문제를 일으키기도 하고, 미리 막기도 한다는 사실을 잊지 않기 바랍니다.

사회생활을 하면서 컴플레인이 발생하는 것은 필연적인 일입니다. 사람 사는 세상이니 당연합니다. 다만 이 컴플레인의 주체 혹은 대상이 되었을 때 태도가 어떠냐에 따라 컴플레인이 그냥 불평불만으로 끝날 수도 있고, 개선을 위한 도약점이 될 수도 있다는 것을 알아야 합니다. 또한 여러분이 컴플레인을 하고 싶은 사람이라면, 그런데 지혜롭게 컴플레인을 하고 싶다면 먼저 냉정한 파악이 필요합니다. 투정과 불만이라 그저 내 얘기를 듣고 위로해줄 상대가 필요한지, 아니면 제대로 된 해결책을 통해 개선을 원하는 것인지를 따져보기 바랍니다.

저는 이런 마음을 잊지 않기 위해 사자성어 네 개를 늘 곁에 두고 돌아봅니다. 바로 "하의경청, 심사숙고, 만사종관, 이청득심(下意傾聽, 深思熟考, 萬事從寬, 以聽得心)"입니다. "아랫사람의 의견을 주의 깊게 듣고, 깊이 생각하며, 모든 일에 관대하고, 잘 들음으로써 사람의 마음을 얻는다."라는 뜻인데, 이것만 가슴에 새겨도 컴플레인을 받을 때도 할 때도 실수하는 일이 적어지리라 생각합니다. 컴플레인은 상처를 주려는 게 아니라 상생하려고 하는 것임을 잊지 말아야 합니다.

who—when—how, 컴플레인의 3원칙

컴플레인이 쉬운 사람은 없습니다. 일단 대상을 찾는 것부터 쉬운 일이 아닐뿐더러 적절한 시기를 찾는 것은 더 어려운 일입니다. 그렇다고 익명성을 빌려 인터넷 등에 토로하는 건 바람직하지 않습니다. 컴플레인은 정확하게 타깃을 정해 핵심을 명료하게 전달하는 것이 중요하기 때문이지요. 익명을 빌려서 두루뭉술하게 쓰다 보면 아무래도 투덜거림이나 불평불만, 인신공격에 그칠 가능성이 큽니다. 즉 해결이 되기에는 어려운 상황을 만드는 것이지요. 그럼 어떻게 해야 할까요? 컴플레인을 잘하기 위한 세 가지 원칙을 소개해보 겠습니다.

who, 누구에게 할 것인지가 중요합니다.

대부분 초년생들은 회사 업무나 개인적인 고민과 문제를 동료 와 얘기합니다. 좀 더 편하고 쉽게 얘기를 나눌 수 있기 때문입니다. 그런데 문제는 '내가 모르는 건 개도 모른다.'라는 겁니다. 즉 해결책 이 나올 수 있는 게 아니라 카더라 통신, 잘못된 정보의 지라시가 양산되는 환경이 조성됩니다.

우리의 귀는 가십에 민감합니다. 말초신경을 자극하는 짜릿한 얘기가 일시적인 흥분과 즐거움을 주니까요. 하지만 이런 얘기들은 결코 생산적이지도, 효율적이지도 않습니다. 이런 얘기에 귀 기울일 시간에 좀 더 선한 영향력을 끼칠 수 있는 일에 관심을 기울이면 좋 겠다는 게 선배로서의 제 바람이기도 합니다.

컴플레인은 그저 그런 불평불만으로 끝날 수도 있고, 상황 개 선을 위한 도약대가 될 수도 있습니다. 이를 가르는 것은 내 태도입 니다. 단지 공감과 위로가 필요한 것인지, 아니면 해결책을 찾아 상 황을 개선하고 싶은지 냉정하게 파악하길 바랍니다. 후자라면 컴플 레인을 적절한 대상에게 제대로 전달해야 합니다. 제가 권하고 싶은 방법은 선배나 상사에게 말하는 것입니다.

when, 언제 할지도 고려해봐야 합니다.

앞서 제가 별도의 자리에서 해도 될 컴플레인을 회의 석상에서 했던 경험을 밝혔지요. 다행히 저는 좋은 상사를 만난 덕분에 별문제가 되지 않았습니다만 컴플레인을 제대로 하려면 언제, 어디서 할지도 잘 고려해야 합니다. 구성원 모두와 관계가 있고, 함께 고민하고 해결책을 찾아야 할 부분에 대한 문제 제기라면 회의할 때가 좋겠지요. 하지만 상사에게 요구하는 바를 밝힐 때 등 다소 민감한 문제라면 가능한 둘이 있을 때 컴플레인을 하기를 권합니다. 컴플레인은 싸우자고 하는 게 아니라 해결하자고 하는 것이니 서로 감정이 상할 일을 만들 필요는 없겠지요.

how, 따지지 말고 물어야 합니다.

사실 상사나 선배에게 컴플레인을 하는 것이 쉬운 일은 아닙니다. 불평불만이 많다고 밉보이면 어쩌나, 말한다고 해결은 되려나 걱정스럽고 의심도 갈 것입니다. 그렇기에 내가 전달하려는 내용이 불평불만이 아닌 컴플레인이라는 사실을 확실히 짚어야 합니다. 불평불만이 발목을 붙들고 늘어지는 훼방이라면, 컴플레인은 일이 잘 돌아가게 하는 제안입니다.

같은 말이라도 불평불만으로 들리지 않게 전달하는 요령이 필요합니다. "이런저런 어려움 때문에 도저히 못 하겠다."라는 말은 불평불만으로 들릴 수 있으니 "이런저런 어려움을 어떻게 해결하면 좋을까요?"라고 물어야 합니다.

물론 모든 고민과 컴플레인을 선배나 상사에게 전한다고 해서 해결이 되는 것은 아닙니다. 그들 역시 회사의 구조나 체계를 바꿀 힘은 없으니까요. 다만 먼저 겪고 고민했을 선배들과 얘기하며 갑갑한 주제를 풀어가다 보면 취사선택의 방향키가 보입니다. 이런 불만은 그냥 술 한잔에 털어내야겠구나, 이런 건 좀 더 보완책을 고민해서 정식으로 바꿀 수 있는 길을 찾아봐야겠다 등 컴플레인 이후의 단계가 구축되는 것입니다.

18

'적'을 '편'으로 만드는
두 가지 방법

관계에서 가장 주의해야 할 것은 무엇일까요?

저는 60세가 넘었고 한 회사에서 현역으로 근무한 게 38년, 그리고 고문으로서 2년 차에 접어들었으니 어떤 세대의 시선으로 봤을 때 저는 기성세대일 것입니다. 그런데 아이러니하게도 제 선배들 중에서는 여전히 저에게 한창때라고 하시는 분도 계십니다. 결국 다 자기 시선에서 보고 판단하는 것입니다. 여기서 알 수 있는 사실은 내 생각이 정답은 아니라는 것입니다.

어느 누구도 적으로 만들지 말 것

사실 제가 삶에 대해 이렇다 저렇다 말하기에는 조심스럽습니다. 세상의 많은 어른들에 비하면 저는 연륜도 경험도 많이 부족합니다. 하지만 직장인의 입장에서 38년간 한 회사를 다니고 평사원에서 대표이사까지 올라간 경험은 그다지 흔한 것이 아니기에, 그 과정에서 해야 했던 것과 하지 못한 것 등을 선배 입장에서 풀어볼 뿐입니다.

관계에서 주의할 것을 묻는 질문에 대한 대답 또한 일반적이거나 보편적인 것이 아니라, 오롯이 제 경험과 깨달음의 결과입니다. 그래서 이 부분만큼은 저 외에 다른 어른들이 하신 좋은 얘기들을 충분히 참고해서, 자기 것으로 소화했으면 좋겠다는 마음입니다.

저의 경우 초년생 시절을 지나 중간 관리자로 성장한 20~30대, 40대 초반까지의 직장 생활을 돌아보면 가장 우선순위로 두고 지키고자 노력했던 것이 인간관계였습니다. 다른 것은 시간이 해결해주기도 하고 어떻게든 회복이 되기도 하더군요. 하지만 인간관계에서의 실수가 반복되면, 그 누적된 실수로 인해 모든 것을 잃을 수도 있다는 사실을 알았습니다. 회복 또한 쉽지 않다는 것을 깨달았지요.

관계를 놓치고 신뢰를 쌓아가지 못하면, 비록 내가 큰 장점을 가지고 있더라도 이를 펼칠 기회를 잡지 못하게 됩니다. 그럼 다른 장점도 퇴색될 수밖에요. 옛 어른들이 "저 친구는 사람이 되었어!" 혹은 "다 좋은데 인간이 덜되었어!"라는 이야기를 하는 것 역시 관계로 인해 도출되는 일종의 평가입니다.

이런 식으로 계속 말이 나오는 건 인간관계가 어렵다는 증거이기도 합니다. 인간관계를 위해 대체 무엇부터 시작해야 할까 고민하는 사람들에게 제가 해주는 말은 이겁니다.

"주변에 어느 누구도 적으로 만들지 말 것."

사회생활을 하다 보면 서로 의견이 충돌하면서 싸울 수도 있습니다. 혹 비슷한 논리나 생각을 가지고 있더라도, 소속 부서의 입장이나 이해관계로 인해 논쟁이 벌어질 수도 있습니다. 이때를 조심해야 합니다. 상대를 적으로 만들 수도 있고, 내 편으로 만들 수도 있는 순간이기 때문이지요. 혹은 적을 내 편으로 돌릴 수 있기도 한 순간이고요.

똑똑한 사람은 일을, 배려하는 사람은 조직을 이끈다

『명심보감』에 보면 "심청사달(心淸事達)"이라는 말이 있습니다. 마음이 맑으면 무슨 일이든 이루어진다는 뜻입니다. 마음이 맑다는 것은 사심이 없다는 의미이기도 하지만, 배려하는 마음이 더해졌다는 뜻이기도 합니다.

공적으로 일을 처리하는 사람은 많습니다. 하지만 배려심을 가지고 일에 접근하는 사람은 드뭅니다. 배려는 다른 말로 "역지사지(易地思之)"입니다. 즉 상대의 입장에서 생각해보는 것이지요. 직장에서는 이 배려가 없으면 일정 단계 이상 올라가기가 어렵습니다. 사람이 모여 함께 일하는 곳이기에 그렇습니다. 즉 상대를 내 편으로 만드는 첫 번째 방법은 배려입니다.

배려는 가장 날카로운 순간 드러납니다. 그것도 많은 사람들이 모여 날을 세우는 곳에서 가장 잘 보입니다. IT 쪽은 기술적인 문제를 가지고 여러 부서가 모여, 자신의 전문 지식을 바탕으로 몇 시간씩 토론을 할 때가 있습니다. 다들 자기 분야에 정통한 데다 거기에 대한 자부심도 대단해서, 보이지 않는 창과 칼이 난무하는 현장일 때가 대부분입니다.

이를 지켜보고 있자면 누가 배려하는 마음이 있고 누가 없는지가 보입니다. 그리고 꽤 높은 비율로 배려하는 마음을 가지고 있는 사람들이 큰 그림을 보는 경우가 훨씬 많습니다. 일과 일 사이의 연결 고리를 파악하고 타 부서의 입장도 생각하면서 조율을 하는 것이지요.

저는 이런 회의를 통해 어떤 사람을 더 키워서 큰일에 쓸 것인지를 판단하곤 했습니다. 지혜와 지식은 노력과 시간으로 쌓을 수 있지만 배려하는 마음은 별개의 문제입니다. 리더에게 꼭 필요한 덕목이기에, 일 잘하는 사람보다는 성실하고 배려 있는 사람을 고르게 된 것입니다.

똑똑한 한두 명이 세상을 바꾸는 것은 맞습니다. 하지만 큰 조직을 이끄는 사람은 그 한두 명이 아닌 배려 있는 리더입니다. 즉 똑똑한 사람은 일을 이끌지만, 배려하는 사람은 조직을 이끈다고 할 수 있겠지요.

하수는 자랑하고, 고수는 겸손하다

아는 것이 많고, 할 수 있는 것이 다양하다는 것은 큰 장점입니다. 하지만 이때 사람들은 종종 겸손함을 놓칩니다. 자기 자랑을 일삼고 성과를 과시하는 사람을 좋아할 이는 많지 않겠지요? 뛰어난 실적을 보이면서도 다른 사람에게 공을 돌리고 겸손함을 잃지 않는 사람을 우리는 믿고 따릅니다. 즉 하수는 자랑하지만 고수는 겸손하다고 할 수 있습니다. 그래서 상대를 내 편으로 만드는 두 번째 방법이 겸손인 것입니다.

배려와 함께 겸손함은 직장 생활에서 반드시 갖추어야 할 덕목입니다. "아는 것을 안다고 하고 모르는 것을 모른다고 해야 한다." 라는 말은 제가 정말 자주 하는 말입니다. 이 근간에는 겸손하라는 뜻이 담겨 있습니다. 겸손하라는 것은 '아는데도 침묵을 지키고, 모두가 열띠게 토론할 때 뒤로 물러나서 관전하라.'라는 뜻이 아닙니다. 치열하고 자신감 있게 자신이 아는 것을 말하는 태도도 직장인의 덕목이니까요. 하지만 아는 것을 말할 때도 겸손함은 갖춰야 합니다.

겸손함이 필요한 이유 중 하나는 쓸데없는 오해를 받지 않도록 해준다는 겁니다. 내가 의도한 것은 아니나, 말이나 행동에서 기인한 실수로 인해 원치 않게 오해를 불러일으켜 분란을 만드는 경우가 있습니다. 그러면 서로의 관계가 불편해지는 것은 물론 본인의 평가에도 좋지 않은 영향을 줍니다.

중국 고서에 나오는 "과전불납리 이하부정관(瓜田不納履 李下不整冠)"이라는 말은 수천 년이 지난 지금에도 통하는 진리입니다. 오이밭에서 신발 끈을 매거나 자두나무 아래서 갓끈을 고치는 건 섣부른 오해의 시작이니 하지 말라는 것이지요. 생각 없이 한 얘기가 살이 붙어 오해를 만들거나, 술자리에서의 실수가 큰일이 되어 굴러온 경험이 혹시 있지 않은가요? 매사 겸손하게 조심하면 이런 불상사도 확 줄어듭니다.

사실 앞에서 말한 것을 다 지키고 사는 삶은 다소 피곤할 수도 있습니다. 조심해야 할 일이 늘어나는 것이니까요. 제 세대처럼 형제가 많고 할머니 할아버지까지 대가족으로 살던 사람들은 이 조건들이 모두 몸에 배어 있습니다. 자라면서 어른들과 형제자매 사이에서 터득하고 습득한 것들이지요. 하지만 핵가족 안에서는 저런 경험들을 하기가 어렵습니다. 때문에 제 경험을 바탕으로 경계해야 할 것을 짚었을 뿐이니, 다른 어른들의 조언도 꼭 참조해서 읽어보기를 바랍니다.

19

좋은 사람의
3요소

어떻게 하면 좋은 선배가 될 수 있나요?

　　좋은 사람이라는 것의 기준은 개인마다 다릅니다. 각자의 취향
과 성향에 따라 누구에게는 좋을 수 있지만, 누구에게는 답답하고 싫을
수 있습니다. 요새 유행하는 MBTI에서도 보면 맞는 사람과 그렇지 않은
사람이 달라지지 않습니까. 그럼에도 불구하고 회사에서 좋은 사람에 대
한 기준은 몹시 고전적이어서 변하지 않습니다. 조직이기 때문입니다.

'나는 좋은 선배인가?'라는 질문

'나는 좋은 선배인가?'

이런 질문에는 사실 쉽게 답을 하기가 어렵습니다. 저 역시 지금도 고민하고 있는 부분이기 때문입니다. 직장 생활을 하면서 좋은 선배 혹은 상사를 만나는 것은 개인적으로 큰 혜택이고 많은 것을 배울 수 있는 기회입니다. 그래서 '좋은 선배가 되고 싶다.'라는 생각을 하는 것 자체가 제게는 너무 대견하게 느껴집니다. 그 마음이 참 소중한 거지요.

이 부분에 대한 답은 오롯이 제 경험에 의한 것이기에 정답일 수는 없습니다. 제게는 좋은 선배였던 분들이 지금 세대에게는 그렇지 않을 수 있고, 저 역시 지난 시간을 돌이켜보았을 때 후배들이 저를 좋은 선배라고 생각할지는 모르겠습니다. 살짝 긴장될 정도로 확신이 서지 않습니다.

회사에 들어오면 자연스레 선후배 관계가 만들어집니다. 늘 함께 일하기에 당연히 그 사이에서의 인간관계도 끈끈해집니다. 힘든 시기에 도와줄 수 있는 사람도 그들뿐입니다. 그들과의 협업을 통해 모르는 분야를 배워나가 다음 스텝을 도모할 수 있기도 합니다.

저 역시 인사 부분에 대한 것은 영국 유학 이후 처음 접했습니다. 과장으로서 완전히 새로운 분야를 접했을 때 저를 도와준 사람들은 인사를 처음부터 했던 후배, 저와 같이 새롭게 인사 업무를 시작한 선배들이었습니다.

그들의 말을 경청하고 상사의 말을 놓치지 않으려 노력했던 때였지요. 특히 저를 유학 보내준 분이 직속 상사였기에 그분의 기대를 충족시키기 위해 더 애를 썼습니다. 그 선배는 묵묵히 지켜보며 제가 적응하고 일할 시간을 주셨죠. 그때 그 선배의 가르침을 바탕으로 훗날 '삼성 명예박사 제도', '삼성 명인 명장 제도', '기술 개발 우수자 격려금 시상 제도' 등을 만들 수 있었습니다. 좋은 선배의 기다림이 시간이 지나 기업 문화를 만드는 데 영향을 끼친 셈입니다.

일을 못하는데, 좋은 선배가 될 수는 없다

직장 생활의 기본은 일입니다. 일과 업무를 통해야 인간관계도 만들어집니다. 가장 기본 사항인 일을 못하는데 좋은 선배가 될 수는 없습니다. 사람 좋은 언니, 동생, 누나, 형은 바깥 사회에서도 충분히 만날 수 있습니다. 일에 대한 조건에는 예외가 없습니다. 아주 너그럽게 봐서 새로운 일을 맡은 일정 기간을 제외하면, 시니어들은 무조건 자기 업무에 정통해야 합니다.

만약 내가 허둥거리는 입장의 후배인데 선배에게 논의해봐야

가이드도 없고, 그도 헤매는 중이고, 모르는 게 뻔한데 아는 척을 하고 있다면 아마 그 선배에게 일 얘기는커녕 개인적인 고민도 말하고 싶지 않을 것입니다. 그러니 선배 입장에서 절대 아는 척하지 말기 바랍니다. 후배가 물어보는 내용에 대해 잘 알지 못한다면, 솔직히 모른다 대답하고 함께 답을 줄 수 있는 사람을 찾는 것이 훨씬 믿음직한 선배의 모습입니다. 아는 척하는 게 쿨한 것이 아니라 인정하고 솔루션을 함께 찾아주는 것이 쿨한 것입니다.

공자가 한 말 중에 "지지위지지 부지위부지 시지야(知之爲知之 不知爲不知 是知也)"라는 말이 있습니다. 아는 것을 안다고 하고, 모르는 것을 모른다고 하는 것이 아는 것이라는 뜻입니다.

직장 생활을 하면서 하나에서 열까지 어떻게 다 알겠습니까. 해마다 달라지고 발전하는 부분도 있고 부서가 바뀌면 모든 것이 새로워지는데, 다 안다는 것이 오히려 이상합니다. 모르면 배우고 듣고 익히면 됩니다. 그게 일입니다. 모르는 게 자존심 상해서 감추고 아는 척을 하는 순간, 후배들은 눈치채고 신뢰를 거둡니다. 입장을 바꿔 생각했을 때 여러분이 후배라면 그러지 않겠습니까?

'베이직'이 '베스트'다

직장에서의 좋은 선배는 그 조건이 어렵지 않습니다.

첫째는 성실하면 되고, 둘째는 업무에 대한 전문성을 가져야 합니다. 그리고 마지막으로 삶 자체가 모범적이어야 합니다.

몹시 교과서적이지만 제 38년을 돌이켜보면 베이직한 것이 베스트입니다. 이 중 어느 하나라도 부족하면 후배들에게 존경을 받지 못합니다. 그저 일터에서 만난 사람 중 하나로 여겨지다가 어느새 잊히는 것이죠.

첫째, 성실한 사람은 기복이 없습니다.

성실한 모습은 직장 생활에서 가장 기본적인 것입니다. 최근 몇 년 사이 유연 근무제, 재택근무 활성화로 인해 지각이라는 개념 자체가 생소하게 느껴질 수도 있겠습니다. 하지만 시간을 지킨다, 성실하다는 것은 단순히 출퇴근에 국한되는 이야기는 아닙니다.

혹시 외부 미팅을 했을 때, 거래선과 나는 제시간에 맞춰 앉아 있는데 선배가 뒤늦게 오는 바람에 불안하고 초조했던 기억이 있습니까? 아마 선배가 원망스럽기도 하고 짜증도 났을 것입니다. 차라리 5분, 10분 먼저 가서 기다리는 선배가 훨씬 낫습니다. 늦게 도착한 거래선은 미안해하고 후배는 마음이 편해질 테니까요.

성실하다는 것의 또 다른 의미는 기복이 없다는 것입니다. 흔들리지 않고 담담하고 꾸준한 모습은 주변을 편안하게 만듭니다. 선배들 중 다소 무뚝뚝해도 늘 변함없이 후배들을 대해주는 선배가 있을 것입니다. 이런 선배들은 처음에는 좀 다가가기 어려워도 결국에는 존경을 받습니다. 성실한 선배란 이런 선배입니다.

둘째, 전문성이 있는 사람은 그 자체로 모범이 됩니다.

업무에 대한 전문성은 더 말할 필요도 없습니다. 앞에서도 말했듯 회사는 모두가 일로 만나는 곳입니다. 목적을 제대로 행하지 못하는 사람은 선배로서도, 직장 생활을 함께 하는 동료로서도 적합하지 않습니다.

그렇다고 '일! 일! 일!'만 강조하는 선배도 바람직하지 않습니다. 일은 일대로 잘하면서 직업인의 유연성을 가지는 것이 쉬운 일은 아닙니다. 하지만 그럼에도 불구하고 좋은 선배가 되기 위해 감안해야 하는 부분입니다. 물론 이는 선배에 국한되는 것이 아니라 직업을 가진 모두가 함양해야 할 부분이기는 합니다.

셋째, 다른 사람들이 닮고 싶은 향을 풍겨야 합니다.

마지막으로 모범적이라는 말은 닮고 싶은 부분이 있어야 한다는 것입니다. 뒤에서 이야기하겠지만 저는 '향'이 나는 사람이 되는 것이 중요하다고 생각합니다. 향은 강요하지 않습니다. 그냥 그 자체에서 풍겨 나와 사람들 사이에 스며듭니다. 말을 하지 않아도 '저 선배처럼 되고 싶다.' 하게 만드는 향을 풍기는 사람이어야 좋은 선배가 될 수 있습니다.

저는 제 향을 역사에서 찾으려고 노력했습니다. 제가 표현하고 말하는 것, 사람을 대하는 태도들이 모두 역사를 공부하면서 배우고 느낀 바에서 기인할 수 있도록 하는 것이 제 목표였습니다. 사람마다 향을 찾는 대상은 다를 수 있습니다. 누군가에게는 역동적인 취미가 될 수도 있고, 누군가에게는 깊은 인문학적 지식이 될 수도 있는 것이지요. 돌이켜보면 삼성에서 38년을 있으면서 만났던 좋은 선배들은 모두 각자 자신만의 향을 가지고 계신 분들이었습니다.

저를 유학 보내주시고 인사의 길로 유도하시면서 제 실수와 부족함을 묵묵하게 기다리며 응원했던 N선배, 사람을 대하는 법과 큰 시각을 갖는 눈을 키워주면서 봄, 여름, 가을, 겨울의 교훈을 알려주신 L선배, 해외 근무 중 출장을 오면 꼭 식사 자리라도 만들어 고민을 들어주고 가셨던 K선배, 저도 몰랐던 잠재력을 발굴해주기 위해 무던히 애쓰셨던 S선배, CEO의 역할이 무엇이고 어떻게 행동해야 하는지를 몸소 보여주신 K선배, 시스템을 통한 기업 경영이 무엇인지를 보여주셨던 C선배 등등, 지금의 제 모습을 만드는 데 있어 선배들의 역할은 결코 작지 않았습니다. 그 감사함을 알기에 저 역시 이 혜택을 후배들에게 돌려주고자 노력해왔습니다. 앞으로도 그 럴 생각입니다.

사실 이 질문을 받으면서 저는 마음 한편이 든든했습니다. 분명 시간은 걸릴 테지만 이 고민을 시작으로 자기 발향이 가능한, 성실 한 직업인으로 성장한다면 언젠가 꼭 "참 좋은 선배님이십니다!"라 는 소리를 듣게 될 거라 믿어 의심치 않습니다.

20

시작보다 마무리가
중요한 이유

어차피 그만두면 안 볼 사이에 잘 대할 필요가 있나요?

"회자정리 거자필반(會者定離 去者必返)"이라는 말이 있습니다. 만나면 헤어지고 헤어진 후에 결국 또다시 만나게 되어 있다는 이야기입니다. 저는 이 이야기에 100퍼센트 공감합니다. 내일의 내가 오늘의 나에게 고마워하는 일이 생길지도, 원망하는 일이 생길지도 모르는 게 세상입니다. 세상은 돌고 돈다는 사실을 잊지 않길 바랍니다.

'어차피 안 볼 사이'는 없다

직장 생활을 하다 보면 불가피하게 이동이 잦을 수 있습니다. 회사 내에서도 부서 이동이 있을 수 있고, 부서 내에서도 업무에 따라 환경이 조율될 수 있습니다. T/F팀에 속해 몇 주 혹은 몇 달 동안 전혀 다른 업무를 해야 하는 경우가 생기기도 하지요. 때에 따라서는 회사를 옮기는 경우도 발생합니다. 혹은 아예 다른 분야로 전직할 수도 있습니다. 전자 업계 개발자로 일하다가 특허 변리사 자격증을 취득해 법률사무소에서 근무하는 경우가 하나의 예가 될 수 있겠습니다.

요즘 젊은 사람들 중에는 회사를 나오면서 '어차피 그만두면 안 볼 사이!'라고 선을 긋는 경우가 있습니다. 비단 젊은 층의 이야기만은 아니지요. 퇴사하면서 다시는 안 볼 듯이 오만 정을 떼고 나가는 사람들이 간혹 있습니다. 그런데 근 40년을 한 직장에 근무했던 제 경험에 비추어 말하자면 '다시는 안 보는 것'은 거의 불가능합니다.

그만두고 무인도에 들어가 홀로 살거나, 해외 이민을 가서 한국 사람과 단절된 삶을 살지 않는 한 '그만두면 안 볼 사이'는 틀린 가정입니다. 왜냐면 우리는 사람이고 사회에 속해 있기 때문입니다. 직장 생활을 축소해보면 그게 가정이 될 수 있고, 확대해보면 사회와 국가까지도 범위가 커질 수 있습니다. 핵심은 그 어디든 모두 사람 사는 세상이라는 점입니다. 이 세상은 모든 것이 인간관계로 얽혀 있고, 나라가 달라져도 시대가 바뀌어도 사람 사는 것은 거의 비슷하게 돌아갑니다. 전(前) 직업과 완전히 다른 변리사로 일한다 해도, 의뢰인과 변리사 사이로 전 직장 선후배를 만날 수 있는 게 인생입니다.

사회생활은 긴 호흡으로 해야 한다

가끔 회사를 떠나 다른 회사로 이직하는 사람들로부터 추천사를 부탁받는 경우, 저는 과대 포장을 하지 않고 최대한 사실만을 기술합니다. 장점도 말하지만 단점도 분명하게 애기합니다. 그것이 그를 위한 일이라고 생각하기 때문입니다. 제가 장점만 부풀려 이야기하면 그에 대한 기대가 너무 커져서, 오히려 그에게 안 좋은 영향을 줄 수 있는 것이지요. 그리고 본인에게는 새로운 직장에 가서는 이런 건 반드시 주의하라고 전달해줍니다.

직장 생활은 긴 호흡으로 해야 합니다. 긴 호흡으로 하라는 말은 한 직장을 무조건 오래 다녀야 한다는 뜻이 아닙니다. 이 직장에서의 시간도 저 직장에서의 기간도 모두 '나의 직장 생활'의 일부라고 생각해야 한다는 의미입니다. 즉 한 곳 한 곳에서의 태도를 잘 관리해야 한다는 것이지요.

학교에서는 1년에 몇 차례 시험을 봐서 나의 현재 상태를 점검할 기회를 줍니다. 하지만 직장은 매일매일 평가대에 올라서는 곳입니다. 선배들이 지켜보고 상사가 지켜봅니다. 한마디로 회사 생활은 눈 덮인 들판을 걸어가는 것과 같습니다. 발자국이 삐뚤어져 있는지, 주저앉은 흔적이 있는지, 옆길로 샜는지가 다 또렷하게 보입니다. 그러니 '나가면 그만'이라는 태도를 경계하고 매사에 최선을 다해야 하는 것이지요.

한 집단 안에는 기쁨도 슬픔도 헤어짐도 모두 존재합니다. 당연히 직장에도 그 모든 것이 있습니다. 새로운 만남도 중요하지만 사실 헤어짐이 더 중요합니다. 헤어짐이란 어딘가에서의 새로운 만남을 예견하는 지점이기 때문입니다.

특히 IT 업종은 매우 좁습니다. 경력이 30년 언저리쯤 되고 해외 업체, 거래선과 교류가 많은 사람의 경우라면 미국 실리콘밸리 등에 가서 이름을 댔을 때 외국인들도 그 사람이 누구인지 알 정도입니다. 당연히 소문도 빠르고 평판도 쉽게 들을 수 있습니다. 세상이란 넓은 거 같아도 의외로 좁아서, 한 다리 건너면 다 안다는 말이 그냥 하는 이야기가 아님을 살면서 매 순간 느낍니다. 그래서 한 직장에서의 '시작'이 중요한 만큼, 아니 오히려 '시작'보다 더 '마무리'가 중요합니다.

방수를 확인하는 건축가의 마음으로

그렇다면 마무리를 잘한다는 것은 어떤 것을 의미할까요? 저는 방수 상태를 확인하는 건축가의 마음이라고 대답하겠습니다.

제 선배분이 집을 짓고 이사를 했습니다. 며칠 후 갑자기 폭우가 쏟아졌는데, 집을 지어준 사람이 전화를 걸어 혹시 비가 새지 않는지를 물었습니다. 지은 지 얼마 안 된 집인데 왜 물이 새겠냐고 대답하는 주인에게 건축가는 이렇게 말했습니다.

"그래도 확인은 해야지요. 아무리 최선을 다했어도, 갑작스러운 폭우에는 어떤 변수가 생길지 모르니까요."

회사에서 일을 마무리하는 태도도 이래야 합니다. 물론 마무리를 대충 하지는 않겠지요. 그럼에도 내가 있던 곳에 폭우가 들이쳤을 때를 미리 상상하고 대비책까지 마련해야 합니다. 다른 부서를 가든, 어디론가 파견을 가든, 아예 회사를 옮기든 간에 말입니다. '내가 없을 때'까지를 예측하고 대비해놓는 것, 그것이 진정한 마무리입니다. 또한 떠난 후에라도 내가 했던 일이나 관련된 일에 문제가 생기면 무조건 함께 대처해주어야 합니다. 이제는 '내 일'이 아니라고 생각할 수도 있습니다. 아닙니다. '내 일'입니다. 내가 했던 일이라면 언제 어떤 상황에서든 책임을 진다는 자세는 일로 성공하고자 하는 사람들의 기본입니다. 그 일이 또 어떤 기회로 다가올지는 아

190

무도 모르니까요.

사실 "어차피 그만두면 안 볼 사이에, 잘 대할 필요가 있나요?"라는 질문을 받았을 때, 매우 상식적인 내용인데 왜 이런 걸 궁금해할까 하는 생각을 잠시 했습니다. 아마도 세대 차이에 의한 것일 수도 있겠습니다. 특히 최근 2~3년 사이 COVID-19로 인해 기존에 경험하지 못했던 비대면이라는 환경, 거리 두기라는 현실 안에서 충분히 고민이 될 수도 있겠다는 생각이 들었습니다.

이것저것 다 떠나서 간단하게 정리하자면 이렇습니다.

나와 함께했던 선후배가 뒷마무리를 손댈 것 없이 처리한 후에 떠났다면, 나는 그 사람을 응원하게 됩니다. 적어도 그 사람의 인생에 응원을 더하는 사람이 하나 생긴 것이지요. 즉 내가 그렇게 마무리를 하고 떠났다면 선후배, 동기가 나를 그런 마음으로 보내줄 겁니다.

그런 관계는 회사를 떠나서도 분명 이어집니다. 회사가 인생의 전부가 아니지 않습니까. 회사를 그만둔 후에도 내 인생은 20~30년 이어집니다. 그리고 반드시 한 번은 그때 그 사람들과 마주하게 됩니다. 그러니, 어떻게 해야 하겠습니까?

切磋琢磨 *

4.

원점경영

평생직장은 자신이 어떻게 정의하느냐에 따라 달라진다는
생각입니다. 어찌저찌 은퇴까지 다니는 것이 평생직장인지,
아니면 내 능력과 꿈을 마음껏 펼칠 수 있는 시기까지 다니는
것이 평생직장인지 생각해보기 바랍니다.
그리고 더 중요한 것은 '평생직장'보다는 '평생직업'을 생각해야
한다는 사실입니다. 저는 평생직장이라는 단어가 무언가
회사에 주도권을 뺏긴 사람들이 하는 이야기로 들렸습니다.
내가 실력이 있고 회사에서 가치가 있으면, 즉 실력과 능력이
있다면 평생직장이라는 단어에 굳이 얽매일 필요가 없다는
말입니다. 나의 능력과 실력을 토대로 '평생직업'을 이어갈 수
있을 테니 말입니다.

* 切磋琢磨(절차탁마)
  '학문과 덕행을 늘 부지런히 닦듯',
  일을 할 때는 항상 원점을 기억하며 자신의 실력을 갈고닦아야 한다.

'안정'과 '안주' 사이, P&C 원리

안정된 삶의 기준은 무엇일까요?

안정된 삶을 원하는 사람들 중 대부분은 '안정'이라는 말의 뜻을 단편적으로 이해하고 있는 경우가 많습니다. 그저 '잔잔하고 부침이 없는 상태'를 안정된 것으로 인지하는 것이지요. 하지만 진정한 안정은 그 안에 반드시 균형의 요소를 담고 있어야 합니다. 무엇보다 '안정'이라는 단어 안에 '안주'하지 않는 것이 중요합니다.

안정의 진짜 의미, stable

제가 아끼는 후배 중에 C가 있습니다. 늘 역동적으로 열심히 하는 친구라 20대 때부터 눈여겨봤는데, 어느 날 대학원 MBA를 하고 싶다는 의사를 피력했습니다.

당시는 토요일에도 근무를 하던 시기였는데 대학원을 가면 토요일 오전 근무를 할 수 없는 상황이었지요. 하지만 저는 아주 흔쾌히 그러라고 했습니다. 사실 직장인이라면 누구나 공감할 겁니다. 주중에 회사에서 오롯이 일한 후 주말에 쉬지 않고 공부한다는 것은 여간 열정적이거나 성실하지 않으면 몹시 어려운 일이지요. 이 어려움에 도전한다는 것 자체가 자랑스러웠고, 제가 할 수 있는 지원은 꼭 해주고 싶었습니다.

주중에는 일하고 주말에는 공부하는 삶이 고되 보이나요? 아닙니다. 이게 안정입니다. 열정과 경쟁력을 갖추기 위해 달려나가고 있는 것이니까요. 지금 40대 초반이 된 그는 새로운 업무의 중요한 책임을 맡아서 본인의 능력을 마음껏 발휘하고 있습니다.

안정이라고 하면 내 나이에 걸맞은 경제적 안정, 건강과 화목한 가족 등 여러 가지가 떠오릅니다. 하지만 저는 안정이란 뜻의 영어 단어 'stable'이 가장 바람직한 의미를 가지고 있다고 생각합니다. stable은 '지속 가능, 흔들리지 않는 확고부동함과 균형'까지 폭넓은 의미를 담고 있습니다.

저는 진정한 안정은 '파도가 잔잔한 바다의 모습'을 닮았다고 생각합니다. 바다에 파도가 치지 않으면 고요합니다. 하지만 수면 아래에서는 끊임없이 무언가 역동적으로 움직이고 있습니다. 여기에 지속 가능성을 포함한 전 지구적 자연과의 균형까지 고려하면, 바다는 결코 멈춰 있지 않습니다. 한순간도 말이죠. 그럼에도 우리는 파도가 없는 바다를 보며 안정적이라는 느낌을 받습니다. 저는 이게 진짜 안정이라고 생각합니다. 반대로 말하면 내면에 역동성과 균형이 존재하지 않는 안정은 진짜 안정이 아니라는 것이지요.

그래서 지금 내가 살고 있는 이 시간을 역동적으로 쓰고 있고 균형을 찾아가며 앞으로 나아가고 있다면, 이 모든 시간이 지속적인 성장을 향해 가고 있다면, 나의 삶이 안정적으로 흘러가고 있음을 의미한다고 봐도 무방합니다.

열정은 목표에 집중하는 힘

그럼에도 내 삶이 안정적으로 가고 있는지가 고민된다면 이 질문을 스스로에게 던져보면 어떨까 싶습니다.

"나는 열정(passion)과 경쟁력(competitiveness)을 갖추고 있나?"

만약 "그렇다."라는 대답을 할 수 있다면 내 삶은 안정되어 있는 것이지요.

회사에서 일하다 보면 어느 순간 크든 작든 번아웃이 옵니다. 대부분 목표점이 희미해지거나, 집중해야 할 대상이 사라져 갈피를 잃었을 때입니다. 물론 물리적으로 건강에 한계가 올 때도 있지만, 일이 재미있고 함께 달려가는 게 즐거우면 몸이 힘든 것은 잠시 잊게 됩니다. 문제는 마음이 힘들어질 때입니다.

마음이 힘들어지면 열정이 사라집니다. 열정은 목표에 집중하는 힘이라고 할 수 있는데, 그 힘이 떨어지니 몇백 킬로미터로 달리다가 일시에 서버리는 것이지요. 일단 한 번 서고 나면 다시 시동을 거는 것도, 목표점을 찾는 것도 어려워집니다. 열정을 잃지 않고 꾸준히 달리는 사람만이 결국 끝까지 갈 수 있습니다.

저 역시 지난날을 돌이켜보면서 선후배와 동료들을 떠올려보니, 끝까지 간 사람들은 모두 열정이 식지 않은 사람들이었습니다. 열정이 있으면 도전은 자연히 따라옵니다. 그리고 도전의 끝에는 경쟁력 강화가 기다리고 있지요. 어학 공부라는 도전도 결국엔 내 경쟁력을 키우는 것이고, 모르는 분야를 배우고자 뛰어드는 것도 궁극적으로는 경쟁력을 강화하는 일이 됩니다. 즉 열정과 경쟁력은 시차가 있을 뿐 긴밀하게 연결되어 있는 것이지요.

때문에 'P&C(passion&competitiveness)'를 가지고 있는 사람은

겉으로는 파도 없는 바다처럼 보이지만 그 아래에서는 끝없는 에너지로 움직이고 있습니다. 재미있는 것은 이런 사람들이 가끔 허리케인 같은 변화를 통해, 자신을 비롯한 주변 상황을 크게 바꾸어놓는다는 것입니다. 이는 다시 원래의 평온함으로 돌아갈 자신이 있고, 중심의 힘이 단단할 때 가능한 일입니다. 역동과 균형을 고루 갖추었을 때 할 수 있는 것이지요.

P&C는 도전의 원천이다

P&C는 도전의 원천이기도 합니다. 2022년 말입니다. 저와 오랜 시간 일했던 후배 L이 사장으로 승진했습니다. 발표 후 바로 저를 찾아와 함께 기쁨을 나눈 추억이 있습니다.

L이 사장이 된 후 '첫 여자 사장'이라는 이유로 곳곳에서 "삼성의 유리 천장을 뚫었다."라는 얘기가 나오더군요. 하지만 저는 그렇게 생각하지 않습니다. 다만 이 분야에서 그동안 축적된 인력 중 여성의 비중이 적었고, 첫 스타트가 L이었을 뿐이라고 생각합니다. L사장은 여성이라서 덕을 본 것도 손해를 본 것도 없습니다. 적어도 시스템상으로 제가 보고 느낀 바로는 그렇습니다. 그저 본인이 치열하게 노력하면서 많은 것을 극복하고 깨가며 그 자리까지 간 것입니

다. 남인 제가 알 수 없는 문제들이 분명 존재하리라는 점은 인정합니다. 다만 일 자체로 부딪히며 겪은 L은 조직 운영 리더십, 마케팅 경험, 전체를 읽는 감각이 누구보다 뛰어난 인재였습니다. 그러니 그 능력을 인정받은 것뿐입니다.

여기서 제가 강조하고 싶은 요지는 '치열하게 노력하면서'라는 부분입니다. 어차피 인생은 태어나면서부터 각자 뛰는 마라톤입니다. 조직 생활은 조직에 들어온 순간부터 동일 선상에서 뛰는 공정한 기회의 장입니다. 그저 끊임없이 노력하고 도전하는 사람이 승리자가 될 뿐입니다.

도전하는 사람은 몇 가지 유형이 있습니다. 턱걸이를 예로 들어 보겠습니다. 과거 대학 예비고사 시절에는 체력 테스트로 턱걸이가 있었습니다. 만점이 열 개인데, 열 개를 못 채워도 끝까지 매달려서 안 내려오는 사람들이 있었습니다.(그때 시간제한은 없었습니다.) 저는 이런 사람들을 좋아했습니다. 그들은 언젠가는 열 개 또는 그 이상을 할 수 있다고 믿었기 때문이고, 그 예상은 크게 틀리지 않았습니다. 끝까지 도전하는 사람은 누구도 이길 수 없습니다. 세상의 진리입니다.

안정인가 안주인가, P&C vs. P&C

반면 똑같은 P&C지만 잘 달리던 인생에 브레이크를 걸어버리는 것도 있습니다. 바로 미루기(procrastination)와 안주(complacency)입니다. 미루는 버릇, 꾸물거리는 태도로 안주하는 것은 안정과는 거리가 먼 삶으로 우리를 이끕니다. 똑같은 P&C인데도 완전히 반대되는 의미를 가지고 있는 것이지요.

고백하건대 저 역시도 미루고 꾸물거리면서 안주했던 경험이 있습니다. 이로 인해 당장은 편했을지 몰라도 결국 씁쓸한 결과를 얻은 적도 있지요. 아마 다들 비슷한 경험이 있을 거라 생각합니다. '내일 하지 뭐, 지금 잠깐 덮고 쉬자, 좀 미뤄볼까, 내 상황에 지금 이 정도면 되지 뭐.' 하는 생각들이 안정과 나를 멀어지게 한다는 사실을 알아야 합니다.

꾸물거리고 미루는 것은 그 무엇보다 쉽게 나쁜 습관이 됩니다. 저는 좋은 습관은 들이는 데 3개월이 걸리지만, 나쁜 습관은 익숙해지는 데 세 시간이면 충분하다고 생각합니다. 잠시라도 스스로에게 허용한 나태함은 금방 내 안에 스미고 곧 합리화의 단계까지 올라가버립니다. '이만큼 했으면 됐지 뭐, 좀 쉬어도 돼, 이쯤에서 쉬지 않으면 나중에 번아웃이 올 거야.' 등등 자기를 합리화하는 말은 다양합니다. 그중 가장 쉬운 합리화는 이겁니다.

"나 지금 생각 중이야."

보통 단순한 업무를 단편적으로 처리할 때는 이런 핑계를 댈 구실도 없지만, 업무의 단계가 올라가고 복잡한 일을 할 때는 종종 생각 중이라는 핑계로 꾸물거리는 상황이 발생합니다. 생각하는 게 아니라 주저하는 것이지요. 저는 이 주저함이 조직에서 가장 경계해야 할 요소라고 믿습니다.

앞에서도 살펴봤지만, 조직에서의 삶을 위해 가져야 할 중요 덕목 SOP 중 S는 다름 아닌 스피드입니다. 속도가 직장 생활에서는 생명입니다. 디테일과 응용력은 연차가 쌓이면 연마됩니다. 하지만 속도는 처음부터 습관으로 만들지 않으면 내재화가 어렵습니다. 제가 이런 말을 하면 "너무 바빠서 쉴 틈도 없다. 그래서 일부러 쉬어야 한다."라고 하는 사람이 있습니다. 그런 대답을 들으면 전 다시 되묻고 싶어집니다.

바쁘다는 것이 매일 루틴하게 돌아가는 일 안에서 그냥 안주한 채 무의미한 쳇바퀴를 돌고 있는 것은 아닌지 말입니다. 멍하게 앉아 종이만 찢어도 하루는 갑니다. 그 똑같은 시간을 내가 어떻게 쓰고 있는지는 한번 고민해봐야 할 문제입니다.

저는 피처폰에서 시작해 스마트폰인 갤럭시 S부터 갤럭시 S10까지 직접 혹은 일원으로 참여하며 개발하고 출시했습니다. 그리고 그 시간 동안 만족하며 샴페인을 터트려본 적이 단 한 번도 없습니다. 한 모델을 출시하는 과정에서 바로 다음 모델을 준비하며 일사불란하게 움직였기에, 한 모델의 출시가 일의 끝이 아닌 다음을 위한 연장선상의 일부가 되곤 했습니다.

특히 갤럭시 S6까지 함께한 S선배는 좋은 의미의 P&C가 내재된 분이었지요. 그분과 365일을 붙어서 일하는 동안, 저 역시 미루는 것 없이 목표를 향해 열정적으로 달려나가며 성장할 수 있었습니다.

만약 passion&competitiveness가 아닌 procrastination&complacency를 반복했다면 지금처럼 갤럭시 시리즈가 이어지는 것도 어려웠을 테고, 저 역시도 성장하지 못했을 것입니다. 그래서 저는 누군가가 안정에 대한 질문을 할 때 두 개의 P&C 중 앞의 것을 선택하고 뒤의 것을 경계하라고 말합니다. 이 선택과 경계는 살면서 스스로를 계속 돌아보는 기준으로 삼아야 합니다. 그게 내 삶의 안정을 만드는 요소가 됩니다.

22

일의 기본은
성과다

모난 돌이 정 맞는다는데, 혼자 너무 성과를 내도 문제이지 않을지요?

성과의 기준을 바꿔야 합니다. 성과라는 것은 'deliverable', 즉 고객에게 전달된 상품의 유무를 판단하는 기준입니다. 하지만 회사 내 모든 구성원이 고객 접점에 있는 것은 아닙니다. 때문에 회사 구성원들에게 성과는 '고객에게 전달되는 최종 상품에 관여된 모든 사람의 행위'라고 정의할 수 있습니다.

성과는 '과정'의 '결과'다

2004년의 일입니다. 당시 영국에서 휴대폰 3G 프로토콜 소프트웨어 개발 시 2G와 3G가 바뀔 때마다 발열이 되는 문제로 몇 주를 고생하고 있었습니다. 그런데 입사 2년 차의 신입 사원이 홀연히 그 문제를 해결했습니다. 그는 옥스퍼드 음대 출신으로 소프트웨어 쪽은 개인적으로 공부했던 사람인데, 선배들이 작업한 서류를 하나하나 읽어보고 문제를 발견한 것이었습니다.

그 친구는 문제 해결과 동시에 '엑스트라'에서 '주인공'으로 급부상했습니다. 당연히 저도 너무 궁금해져서 팀 리더에게 그 친구에 대해 물어봤지요. 그때 리더가 한 말은 아주 간단명료하게 핵심을 짚어내는 것이었습니다.

"DJ! 그게 소프트웨어예요!"

그의 말인즉슨, 소프트웨어는 연차에 상관없이 누구든 잘할 수 있다는 거였습니다.

문제를 해결한 친구는 이후에도 태도에 큰 변화가 없었습니다. 오히려 겸손하게 자신의 일상을 영위할 뿐이었습니다. 금요일에는 바이올린을 들고 출근해서 오후가 되면 양로원 자선 공연을 나갔고, 동료들과 협업하는 것도 선배의 말을 경청하는 것도 그대로였습니다. 충분히 자만할 수 있는 상황에서 그러지 않았던 거지요. 그해 연말 평가에서 그는 리더들에게 최고의 평가를 받았고, 이후 보너스와 연봉이 수직 상승한 것으로 기억합니다.

드라마 한 편이 나와서 크게 히트를 치면 그 성과는 시청률로 나옵니다. 하지만 시청률이라는 최종 성과가 나오기까지는 반드시 개개의 성과가 모여야만 합니다. 먼저 대본을 쓰기 위해 조사한 수많은 자료를 토대로 작가가 좋은 이야기를 구성해야지요. 또 배우가 대본을 잘 소화해 생생한 연기를 선보여야 하고요. 감독과 스태프도 힘을 합쳐서 노력해야 하나의 작품이 제대로 완성됩니다. 더 나아가면 편집, 음향, 효과, 마케팅 모두가 각자의 성과를 쌓았기에 시청률이라는 '마지막 성과'가 도출되는 것이지요. 즉 성과는 하나의 결과 그 자체가 아니라 '과정의 총합'이자 '과정의 결과'입니다. 과정 하나하나가 곧 성과이자, 최종 성과를 위한 단계가 되는 것이지요.

회사도 마찬가지입니다. 수집하고 분석하고 가공한 데이터는 의사 결정에 필요한 성과물이 됩니다. 구매부서에서 수집한 경쟁사 동향 자료는 개발부서가 필요로 하는 중요한 성과물이 됩니다. 또 개발된 제품 자체는 마케팅부서에서 활용할 성과물일 수 있습니다. 회사라는 조직은 대형 오케스트라와 같습니다. 각각의 악기도 중요하지만, 그 악기로 화음을 만들어내 하나의 곡을 완성시키는 것이 더욱 중요합니다. 때문에 매 순간 내 악기를 잘 관리해서 최적의 소리를 낼 준비를 하는 것, 또 적재적소에 제대로 들어가 올바른 음을 내서 곡의 완성도를 높이는 데 힘쓰는 것이 성과를 내는 방법입니다.

조직에서의 '일'은 모두 '성과'를 목표로 합니다. 성과를 내는 것은 너무나 당연하다는 이야기지요. 성과를 내지 못하는 조직은 생명이 다한 조직입니다. 동종 업계에서 퇴출될 가능성이 높지요. 어쩌면 업종을 변경해서 다른 살길을 찾는 것이 빠를지도 모릅니다. 성과 지상주의라는 개념, 성과 중심의 조직 문화라는 것은 결코 비난받거나 폄하되어서는 안 됩니다. 문제는 해당 조직에서 성과를 어떻게 평가하고 인정해주는가입니다. 성과 자체를 추구하는 것이 비난거리가 될 수는 없습니다. 성과가 없는데 어떻게 그 조직이 유지가 되겠습니까.

회사는 당연히 성과를 내는 사람을 사랑한다, 하지만

음악회 연주를 보면 피아노, 바이올린 등 특정 악기의 연주자가 중심이 되어 공연을 이끌어가는 모습을 종종 볼 수 있습니다. 영화 역시 조연, 주연이 나뉘어 있습니다. 회사도 비슷합니다. 크고 작은 조직에서 주연과 같은 활약을 펼치는 챔피언의 역할과 중요성이 분명 존재합니다. 단지 차이가 있다면 음악회나 영화, 드라마의 경우 그 주연이 정해져 있지만 회사는 그렇지 않다는 것뿐입니다. 성과에 따라 주조연, 엑스트라 모두 언제든지 바뀔 수 있습니다. 앞에서 소프트웨어 문제를 해결하며 '엑스트라'에서 '주인공'으로 떠오른 친구를 기억하시지요?

또 더 큰 조직으로 보면 조직 자체도 부서별로 주조연이 나뉠 수 있고, 시대의 흐름에 따라 주조연이 바뀌는 것도 언제든 가능합니다. 저는 2019년 대표이사 겸 무선사업부장 시절 휴대폰 판매의 돌파구를 찾고자 B2B, 리테일, 온라인 사업을 강력하게 밀어붙였습니다. 나름의 성과도 있었지만 전혀 예상치 못한 COVID-19로 인해 리테일은 대폭 축소되는 과정을 밟았습니다. 반대로 온라인은 예상했던 것보다 훨씬 큰 성장을 보였고 B2B 또한 성장세를 이어나갔습니다. 예상치 못한 외부 환경이 성과와 직결되기도 하는 것입니다.

언제 어떻게든 변할 수 있는 환경에서 성과를 낸다는 것은 당연히 칭찬받아야 할 일입니다. 때문에 성과를 창출하는 사람은 사랑받게 되어 있습니다. 회사 내 큰 자산인데, 어떻게 사랑하지 않을 수 있겠습니까. 동료 입장에서도 성과를 내는 사람이 옆에 있다는 것은 뿌듯하고 자랑스러운 일입니다. 하지만 성과를 내는 사람이 잊지 말아야 할 사실이 있습니다. 자기가 주도해서 낸 성과라도 결코 '혼자' 만들어낸 것이 아니라는 점입니다.

회사 일의 기본은 협력입니다. 누군가의 노고 없이 뚝 떨어지는 성과는 없습니다. 앞에 예로 들었던 소프트웨어의 기린아 역시 선배들이 차곡차곡 쌓아둔 서류가 없었으면, 과연 그런 성과를 낼 수 있었을까요? 때문에 한 사람이 성과를 독식하거나 회사에서 성과에 기여한 사람들을 공정하게 봐주지 않으면, 그 안에서 억울함이나 미움이 발생하게 되는 것입니다. 즉 성과주의 조직 문화는 옳지만, 성과에 대한 평가가 공정하지 않음으로써 발생하는 부정적 결과는 경계해야 합니다.

개인의 영역에서 보면 성과 내는 것을 절대 두려워하지 않기 바랍니다. 본인이 독식하거나 남의 성과를 가로채지 않는 한 미움받을 일은 없다고 단언합니다. 회사는 성과를 내는 사람을 사랑합니다. 그리고 동료와 선후배도 성과를 올리는 사람을 사랑합니다. 그가 '혼자' 했다고 주장하지만 않는다면요.

사실 이는 중간 관리자, 그리고 임원들도 유의할 사실입니다. 사장, 대표이사로 근무하면서 본인을 건너뛰고 저와 직접 이야기하는 직원을 불쾌하게 여기는 임원들을 가끔씩 본 기억이 있습니다. 그런 사람들은 자신과 일하는 사람들을 하나의 인격체로 대하기보다는 '내가 가장 우월하고 부하들보다 뛰어나다.'라는 생각을 가지고 있었을 겁니다. 이 세상에서 자신이 가장 뛰어나다고 생각할 때 그릇된 일이 벌어지게 됩니다.

직급이 높아지면 스트레스도 상승하게 되지만, 한편으로는 들어오는 양질의 정보도 증가하게 됩니다. 즉 고급 정보가 많이 들어오면서 판단 능력도 올라가게 됩니다. 이를 능력이 좋아진 것으로 착각하면 안 됩니다. 내가 똑똑해진 것이 아니라 그만큼 정보의 양과 질이 증가하면서 판단을 빨리 할 수 있는 여건이 만들어졌다고 생각해야 합니다. 또한 나의 후배가 사장과 직접 이야기하는 것을 좋아해야 합니다. 사장과의 대화를 통해 후배는 무언가를 배울 수 있습니다. 사장이 가진 정보가 나보다 많기 때문이지요. 후배가 사장과 이야기를 나눈 이후에 내게 피드백만 제대로 하게끔 하면 됩니다.

성과 관리에 있어 조직이 주의할 점

성과의 관리 등은 개인만 주의할 문제가 아닙니다. 조직도 체계적인 노력이 필요한 부분이지요. 가끔 일을 하다 보면 자기 성과를 과대 포장해서 소문내는 데만 열중하는 사람들을 봅니다. 일부 시니어들이 짧은 시간 안에 성과를 보여줘서 자기 가치를 높이고 싶을 때 하는 조급한 행동이지요. 혹은 주니어들이 승진을 눈앞에 두고 있거나 승진 누락이 몇 번 반복되면서 초조함을 가지고 있을 때 이런 양상이 많이 보입니다.

이런 경우 그 성과가 정말로 그 사람으로 인한 것인지를 꼼꼼히 들여다볼 필요가 있습니다. 만약 엔지니어, 안전장치 담당자, 전자장치 담당자 등 자동차를 만든 사람이 아닌 마지막에 잘 닦아서 광을 낸 사람이 모든 성과를 가지고 간다면 어떨까요? 누가 그 자동차를 안전하게 만들려고 하겠습니까. 그래서 성과에 대한 보상은 정말로 그 성과에 기여한 사람들이 누릴 수 있도록 만전을 기해야 합니다.

특히 시니어들이 자기 성과라고 주장할 때는 반드시 주니어 말도 들어보는 것이 중요합니다. 주니어들 역시 솔직한 진실을 얘기해 주어야 합니다. 이런 공정한 과정들이 성과를 당당히 낼 수 있는 문화를 만들고, 성과를 낸 사람이 충분히 존중받고 더 열심히 일할 수 있는 환경을 조성합니다.

23

평생직장 vs. 평생직업

평생직장이 없다고 하는데 어떻게 생각하시나요?

저는 주도권이 누구에게 있냐에 따라 생각이 달라진다고 답하고 싶습니다. '평생직장'이라는 용어는 늘 제게 무언가 회사에 주도권을 뺏긴 사람들이 하는 이야기로 들렸습니다. 내가 실력이 있고 회사에서 가치가 있으면, 내가 아니라 회사가 눈치를 보게 되어 있습니다. 즉 실력과 능력이 있다면 평생직장이라는 단어에 굳이 얽매일 필요가 없다는 말입니다.

몇 살까지 일해야 '평생직장'인가

평생직장에 대한 질문을 받으면 저는 역으로 이렇게 물어봅니다. "몇 살까지 일해야 평생직장이라고 생각합니까?"

우리나라에서 평생직장이라는 이야기가 가장 많이 거론되었던 것은 아마 1997~1998년의 IMF 금융 위기 때가 아니었나 싶습니다. 많은 직장인들이 구조 조정에 의해 어쩔 수 없이 다니던 회사를 떠나면서, 언론에서는 끊임없이 "평생직장이 없는 환경이 되어간다."라는 이야기가 나왔습니다.

그런데 생각해보면 평생직장이라는 건 개념이 좀 모호합니다. 일반적인 기업들의 정년은 60세입니다. 일부 직업군에 따라 65세가 정년인 경우도 있지만, 이 역시 시대의 흐름에 따라 조금씩 바뀌고 있고 앞으로도 바뀔 가능성이 있습니다.

현재 정해진 정년이 유동적일 수도 있다고 한다면, 과연 평생직장에서 '평생'은 얼마큼을 뜻하는 것일까요? 정말 말 그대로 죽기 직전까지 일해야 평생직장인 것도 아닐 테고, 한 회사에 입사해서 임원을 달고 퇴직할 때까지를 그 기간으로 생각하는 것도 아닐 듯합니다. 가장 냉정하게는 회사에서 더 이상 나를 환영하지 않고, 내 업무 능력을 필요로 하지 않는 시기까지 다니는 것이 내가 평생직장이라 생각했던 곳에서의 한계선일 수도 있습니다.

저 역시 나이는 들어가고 임원으로의 승진은 미뤄지면서 후배 눈치를 보던 선배들을 겪으며, 회사 생활의 마지막이 어떤 것인지에 대한 고민과 더불어 평생직장은 없다는 생각을 어렴풋이 해왔습니다. 그리고 그 생각은 지금도 변함이 없습니다.

결국 평생직장은 자신이 어떻게 정의하느냐에 따라 달라진다는 생각입니다. 어찌저찌 은퇴까지 다니는 것이 평생직장인지, 아니면 내 능력과 꿈을 마음껏 펼칠 수 있는 시기까지 다니는 것이 평생직장인지 생각해보기 바랍니다.

그리고 더 중요한 것은 '평생직장'보다는 '평생직업'을 생각해야 한다는 사실입니다. 저는 평생직장이라는 단어가 무언가 회사에 주도권을 뺏긴 사람들이 하는 이야기로 들렸습니다. 내가 실력이 있고 회사에서 가치가 있으면, 즉 실력과 능력이 있다면 평생직장이라는 단어에 굳이 얽매일 필요가 없다는 말입니다. 나의 능력과 실력을 토대로 '평생직업'을 이어갈 수 있을 테니 말입니다.

삼성이라는 한 회사만 다닐 수 있었던 이유

저는 대학 졸업 전에 입사해서 삼성 한 회사만 경험했습니다. 2022년 1월을 기준으로 38년을 한 회사에서 근무한 셈입니다. 가끔 외국 거래선과 미팅할 때 제 근속 연수를 이야기하면 모두 까무러치게 놀랍니다. 삼성 내부에서는 어느 정도 있을 수 있는 일이지만, 외국 회사에서는 보기 드문 일이기 때문입니다. 그들 눈에는 제가 별종 같은 사람으로 보이는 것이지요.

제가 삼성에서만 오롯이 일할 수 있었던 이유는 열심히 일한 만큼 회사가 공정하게 대해주고 챙겨주었기 때문입니다. 내가 열심히 하면 회사가 인정한다는 신뢰가 있었습니다. 다른 회사들도 그렇겠지만 제가 경험한 삼성은 유난히 좋은 선후배들이 많았고, 무엇보다 이들과 호흡하면서 국가 경제에 이바지한다는 보람이 컸습니다. 이 기분 좋은 성취감을 놓치고 싶지 않았고, 회사의 문화 속에서 동고동락하는 경험을 즐겼습니다.

최근 20년 사이 삼성전자는 눈부신 발전을 했습니다. 1990년대만 해도 글로벌 시장에서의 삼성은 지금 같은 위상은 아니었습니다. 1993년 선대 회장님의 신경영 선언 이후 일하는 방식과 문화가 하루가 다르게 변해갔고, 그 성과는 2000년에 들어서야 비로소 나타났습니다. 일본 기업인지 아닌지도 헷갈려 했던 해외 시장에서도 한국의 IT 산업체로 인식을 굳혔지요.

저는 2000년 해외 연구소 소장을 시작으로 쭉 관련 분야에서 일했고, 2006년 한국으로 돌아와서부터 휴대폰 상품기획, 개발, 기술전략 등의 업무를 고루 담당했습니다. 그때는 하루가 왜 24시간

밖에 없는지 아쉬워할 정도로 몰두해서 일했습니다. 이곳을 그만둔
다든지 다른 곳으로 옮긴다든지 하는 생각은 한 번도 해본 적이 없
었습니다. 그저 삼성이 좋았고 삼성의 문화 속에서 내 꿈을 펼치며
달려나가는 그 자체가 행복했습니다. 다른 조직에 가서 과연 잘할
수 있을까라는 의구심도 없지는 않았지만, 무엇보다 삼성만큼 공정
하게 기회가 주어질까라는 의문이 더 컸던 까닭도 있습니다.

물론 저는 좋은 직장을 만났고, 또 좋은 선후배를 만난 덕분에
평생직업의 꿈을 한 직장에서 펼쳐 평생직장을 경험한 경우입니다.
저와 같지 않은 사람들도 많겠지요. 그런 경우의 사람들에게는 다
음과 같은 이야기를 들려주고 싶습니다.

'회사'가 아닌 '내'가 주도권을 갖는 세 가지 방법

내가 잘하면 회사가 내보낼 리가 없습니다. 주도권이 나한테 있
으니, 회사는 오히려 내 눈치를 보겠지요. 그렇다면 내가 주도권을
갖기 위해 어떤 것을 해야 할까요?

첫째, 동급의 누구보다 성실하게 일을 빨리 처리하면서, 어학 실
력 등 나름의 변별성을 갖추어야 합니다. 준비된 사람은 성장의 기

회를 누구보다 빨리 잡을 수 있습니다.

둘째, 열심히 일하다 보면 열정이 과해지면서 때로는 본인도 모르게 주변 사람들을 불편하게 만들 수 있습니다. 그 모습이 누군가에게는 시건방져 보일 수도 있지요. 저 역시 과도한 열정을 부리며 일했던 중간 관리자 시절 선배들에게 "고동진이는 임원 같아!"라는 소리를 들은 적도 있습니다. 이런 얘기가 들려올 때는 자신을 낮추고 겸손을 챙겨야 할 때임을 알아야 합니다.

셋째, 나를 내보내면 회사가 아쉽지 내가 아쉬운 상황이 되지 않도록 늘 정신을 가다듬어야 합니다. 제가 썼던 방법은 글로벌 1위 기업에 종사하는 '가상의 나'와 비교하기입니다. 소위 멀티버스 안에 있을 수많은 나의 모습 중 하나를 상상해서 비교한 것이랄까요. 그렇게 비교하면서 영어는 좀 부족할 수 있지만 일은 내가 더 잘하겠다는 마음으로 정신을 가다듬었습니다.

그 기업은 시대에 따라 노키아이기도 했고 애플이기도 했으며 구글이기도 했습니다. 이러한 벤치마킹 노력은 50대가 되어서도 이어졌고, 이런 상상을 통해 스스로를 성장시키니 어느 순간 평생직장이라는 단어 자체가 제 머릿속에서 사라졌습니다. 혹시라도 회사가 나가라고 한다면 오히려 "Thank you! So far so good!" 하면서 글로

벌 기업 중 두 팔 벌려 날 환영하는 곳으로 가면 될 것이라는 자신감
도 붙었습니다.

기업은 자선사업가가 아닙니다. 끝없이 이익을 추구하면서 성
과를 내야 하고, 세금을 통해 국가 경제에도 보탬이 되어야 합니다.
이 세금으로 국민의 여러 편의 사항이 나아지고 도움이 필요한 사
람들이 혜택을 받도록 유기체의 한 부분을 담당하는 것, 그것이 기
업의 사명입니다. 이런 조직 내에서 성과를 내 일익을 담당하는 주
체가 될 것인지, 혹은 기생식물로 전락해서 민폐를 끼치는 사람이
될 것인지는 본인이 판단하고 선택할 일입니다.

가끔 열심히 했는데도 회사가 알아주지 않는다며 떠날 고민을
하는 후배들이 있습니다. 이런 이야기를 하는 후배들 중 상당수는
어느 순간 경쟁력을 잃어버린 경우가 대부분입니다. 뾰족한 송곳의
모습은 사라지고 두루뭉술한 모습으로 바뀌니, 필수 불가결한 존재
가 아니라 대체 가능한 인력이 되어버리는 것입니다. 본인의 경쟁력
이 떨어지는 순간 평생직장이라는 단어는 무겁게 다가오게 됩니다.

그러니 평생직장이라는 단어가 머릿속에 밀려들어오면, 그 조
직 내에서의 자기 위치를 다시 살펴보기를 바랍니다. 그리고 더 이
상 이 회사에서는 가망이 없다고 생각되면 과감하게 다른 직업을
택하라고 권하고 싶습니다.

평생직장이 아닌 평생직업의 시대에 이미 이 단어를 떠올린다는 것 자체가 차별성을 잃었다는 의미이기 때문입니다. 그러니 나만의 차별화된 특기를 갈고닦아 어느 조직, 어느 기업에서든 환영받는 사람이 되길 바랍니다.

24

판단력이란
밀고 나가는 힘이다

선택의 기로에서 놓치지 말아야 할 핵심은 무엇일까요?

목표가 곧 기준이고 핵심입니다. 삶은 매 순간이 선택입니다. 그래서 목표가 필요합니다. 목표는 내가 도달해야 할 지점이기도 하지만, 내가 기준으로 삼을 지표가 되기도 합니다. 선택이 흔들리지 않기 위해서라도 주기적으로 목표를 확인하고 점검해야 합니다.

내 판단의 기준은 목표 달성이었다

사람은 살아가면서 무수히 많은 선택을 해야 합니다. 사소하게는 식사 메뉴에서부터 옷, 신발 등 모든 것이 선택으로 이뤄집니다. 이 선택이 맘에 들 수도 있고 아닐 수도 있습니다. 선택한 것을 뒤늦게 바꿀 수도 있지요. 이 질문에 대한 대답은 이런 삶에서의 다양한 선택이 아닌, 직장 생활에서의 선택으로 한정해보겠습니다. 그렇다면 제 대답은 아주 간단합니다.

제 판단의 기준이자 핵심은 목표 달성이었습니다. 즉 '내가 사장까지 가는 데 있어 지금 이게 도움을 줄 것인가, 아닌가?'를 토대로 판단했습니다. 이는 입사 초기에 세웠던 제 목표에 근거한 것이기도 했습니다. 저는 사회 생활 초기에 '50세 이후 사장을 하겠다.'라는 분명한 로드맵을 그렸고, 매 순간 선택의 판단은 이를 바탕으로 진행했습니다.

제가 삼성 입사 이후 영어보다도 먼저 공부를 시작한 언어는 일어였습니다. 1988년 삼성전자의 종합기획실 파견 근무 전에 저는 기흥에 있는 연구소에서 근무했고 기숙사 생활을 했습니다. 당시 통신 연구소는 일본 회사와 협업하는 것은 물론, 일본인 고문들이 연구소에서 근무하는 환경이었기에 주로 일어를 썼습니다. 그러다 보니 자연스레 일어 가능자와 불가능자가 나뉘는 분위기였고, 저를 포함해서 모두가 일어를 공부할 수밖에 없었습니다. 회사 사내 강좌를 듣기도 하고 주말이면 어머니와 일어로 대화하면서 계속 공부를 했습니다.

그러다 종합기획실 파견 근무를 나오게 되었는데, 당시의 종합기획실은 지금의 서소문 중앙일보 빌딩에 있었습니다. 서울 근무를 하면서 제일 먼저 든 생각은 '일어보다는 영어가 훨씬 중요하겠구나.' 하는 것이었습니다. 당시는 지금과 같은 인터넷도 없고 모뎀을 통한 PC통신이 자리 잡기 시작하고 있었는데, 88올림픽을 접하는 순간 영어가 글로벌 시장에서는 무엇보다 중요하겠다는 생각이 들었습니다. 그때부터 일어는 잠시 손을 놓고 영어에 매진했습니다.

물론 일어도 공부한 것을 잊지 않기 위해 선생님을 만나 회화 시간을 한 번씩 갖기는 했지만, 그때부터 저의 메인 외국어는 영어가 되었습니다. 당시 동료들에게도 앞으로 10~15년 후 외국인들이 높은 자리에 앉아 있는 모습을 보게 될 테니, 그때 도태되지 않으려면 꼭 영어를 해야 한다고 강조했던 기억이 있습니다.

그리고 이 판단은 이후 제 직장 생활에서 중요한 선택이었음이 증명되었습니다. 자연스레 영국 유학(학술 연수)을 가게 되었고, 이후 글로벌 시장에서 부족하지만 큰 어려움 없이 소통하며 비즈니스를 할 수 있게 되었으니 말입니다.

로드맵이라는 길잡이

첫 번째 선택이 외국어였다면, 두 번째 선택은 해외로 나가는 것이었습니다. 당시 제 앞에는 삼성을 다니면서 해외 학술 연수에 도전해 커리어를 공고히 할 수 있는 기회와 일본 회사의 한국 지사를 맡았다가 이후 미국에서 근무할 기회, 두 가지가 놓여 있었습니다.

저는 회사에서 학술 연수 기회를 주지 않으면 퇴사하겠다는 마음으로 인사팀장님을 찾아갔고, 그 자리에서 "대신 좋은 학교로 가야 한다!"라는 대답과 함께 기회를 얻었습니다. 당시 그 인사팀장님을 저는 지금도 평생의 은인으로 생각하고 있습니다. 제가 학술 연수를 이토록 간절히 원했던 것은, 제 목표인 사장까지 가려면 꼭 필요한 단계라고 생각했기 때문입니다. 그 간절함에 회사가 답을 주었던 것이고, 그렇기에 당연히 제 선택은 이직이 아닌 연수였습니다.

아마 성실한 초년기를 보냈다면 어느 순간 회사 내외에서 러브콜이 오는 때를 맞이하게 될 것입니다. 이때 여러분은 어떤 기준을 가지고 판단하고 결정할 것 같습니까?

제가 했던 앞의 두 판단은 모두 '사장이 되기 위한 것'을 기준으로 했습니다. 만약 여러분들에게도 5년, 10년, 15년의 긴 호흡을 가진 로드맵이 있다면, 결정의 순간 이 로드맵이 큰 길잡이가 되어줄 거라 생각합니다.

짧은 안목으로 보면 선택의 폭이 좁아지고 잘못된 판단을 하기가 쉽습니다. 하지만 평생을 생각하면서 선택한다면 크게 잘못되지 않을 거라 믿습니다.

낙장불입, 밀고 나가라

이렇게 한 선택은 후회하거나 뒤돌아보는 일 없이 밀고 나가는 것이 중요합니다. 주사위가 던져진 이후의 생각은 게임에 아무 도움이 되지 않는 것처럼 선택도 그러합니다. 내 결정을 믿고 묵묵히 나아가야 합니다. 저는 판단력이란 결국 밀고 나가는 힘이라고 생각합니다. 어떤 판단을 내릴지도 중요하지만, 일단 판단을 내렸다면 뒤돌아보지 말고 적극적으로 추진해야 한다는 뜻입니다.

제가 직장 생활을 하면서 했던 마지막 큰 선택은 영국 주재원으로 근무했을 때 영국 연구소 소장을 맡을지를 고민한 것입니다. 사실 개발 경험이 전무한 경력으로, 그 자리를 덥석 맡기에는 정말 많은 두려움이 있었습니다. 1년의 겸직 기간이 있기는 했으나 온전히 제 책임 안으로 들어오는 것은 또 다른 문제이고 새로운 도전이니까요.

결국 고민 끝에 인사 업무를 내려놓고 연구소장 자리를 맡게

된 데에는 역시나 '이를 극복하면 앞으로 더 중요한 일을 할 수 있을 것이다.'라는 기대감과 도전 의식이 있었습니다.

지금 돌이켜보면 결과적으로 이는 옳은 선택인 것을 넘어 필연적인 판단이었습니다. 연구소장의 경험이 없었다면 아마 무선사업부(현 MX사업부)의 업무도, 개발실장 및 사업부장의 업무도 하기 어려웠을 것입니다. 힘들고 외로웠던 5~6년간의 연구소장 시절이 제 인생의 소중한 경험이 되었고, 이를 통해 저는 성장할 수 있었습니다.

오히려 임원이 되고 나서는 선택할 것들이 거의 없어집니다. 주어지는 일은 무엇이든 해야 하기 때문에 할까 말까도 없고 하기 싫다, 하고 싶다도 없습니다. 그냥 해야 합니다.

그래서 젊을 때의 로드맵이 더욱 중요한 것입니다. 저는 20대에 세운 로드맵을 중심으로 선택의 기로마다 판단하고 결심했습니다. 그리고 선택한 후에는 무조건 앞만 보고 달렸습니다. 그 결과가 저의 현재이고, 저는 과거 저의 모든 선택에 만족하고 감사하고 있습니다.

25

도망인가 도전인가, 이직의 조건

잘 이직하는 방법이 있을까요?

도망과 도전은 한 글자 차이지만 그 끝은 다릅니다. 한 직장에만 38년을 있었기에 이직에 대한 얘기를 하는 것이 적절한지 스스로에게 많이 물어보았습니다. 그럼에도 불구하고 이런 질문이 끊임없이 들어오는 이유는 한 번쯤 모두 이직을 고민한 바 있기 때문이리라는 생각에 제 나름의 견해를 밝혀봅니다.

3 — 5 — 7의 징크스

지금도 통하는 이야기일지는 모르겠으나 제가 한창 현장에서 일할 때는 3—5—7의 이직 징크스 같은 것이 있었습니다. 즉 3년 차, 5년 차 등이 되면 고비가 찾아온다는 것이었죠. 그런데 직장 생활에서 만나는 터닝 포인트가 이 숫자와 엇비슷하게 흘러간다는 사실을 고려하면, 이 숫자를 단순 징크스라고만 볼 수는 없을지도 모르겠습니다.

보통 회사에 입사하고 3년 정도 지나면 어느 정도 주변이 보이고 본인의 경쟁력이 무엇인지, 자신에 대한 평가가 어떻게 이루어지는지가 파악됩니다. 즉 여기서 계속 일을 할 것인지 말 것인지가 보이게 됩니다. 사실 1~2년 차에는 적응하느라 정신이 없어서 주변을 돌아볼 여유도, 자기 성과 등을 되새길 시간도 없으니까요. 그렇게 3년 차를 무난히 넘기고 나면, 이제 성장에 대한 갈증과 갈등을 느끼는 5년 차가 다가옵니다.

보통 3~5년 차는 MBA나 해외 학위 취득을 고민하는 사람들이 많아집니다. 이미 해외에서 학위를 취득한 후배들을 보면서 갈등을 느끼기도 하고, 성장을 위해 도전할 마지막 기회가 아닐까 하는 고민을 하는 것이지요. 저는 이런 갈등을 겪는 후배들을 격려하고 응원한 편입니다. 제가 직접 지원을 해줄 수 있는 것은 아니지만,

회사 차원에서 지원해줄 수 있는 적법한 방법은 없는지 함께 고민해주곤 했습니다. 직장인이 아닌 직업인으로 성장하기 위해 전체 인생 중 1~2년은 충분히 투자해볼 가치가 있으니까요.

회사의 지원으로 학술 연수를 떠났다가 돌아오거나, 혹 떠나지 않은 상황에서 맞는 7~9년 차 정도면 얼추 30대 중후반이 되어 있을 것입니다. 대부분 가정을 꾸린 상황이기에 이직에 대한 고민이 더욱 깊어질 수밖에 없겠지요. 배우자와 논의하고 입사 동기나 선배, 상사에 이르기까지 두루 조언을 얻으며 조건을 따지게 될 것입니다.

솔직히 저는 이직할 마음이 있다면 한 살이라도 어릴 때 하라고 합니다. 체력과 열정이 있고 도전할 마음이 충만할 때, 노력할 수 있는 에너지를 가지고 이직을 해야 그나마 성공적으로 안착할 수 있기 때문입니다. 다만 잦은 이직은 지양하라고 합니다. 회사를 자주 옮기는 사람은 경영진의 입장에서 봤을 때 신뢰하기가 어렵습니다. 이 사람은 또 옮길지도 모른다는 염려를 품기 쉽지요. 그래서 이직하기 전에는 반드시 이번이 마지막이라는 마음으로 깊게 생각하고 또 생각해야 합니다. 그래도 판단이 안 된다면 주변의 모두가 단 한 명도 반대하지 않고 박수를 쳐주는 이직을 선택하면 됩니다. 그렇지 않다면 재고하는 것이 맞습니다.

잘하는 사람은 어디서든 잘한다

우리 모두는 '직장인'이 아닌 '직업인'이 되어야 합니다. 본인의 경쟁력을 극대화해야 하는 시기가 20~30대라고 강조했던 이유는 이직을 하건 그렇지 않건 어느 곳에서든 적절한 대우를 받으며 살기 위해서는 경쟁력이 필수이기 때문입니다.

저는 삼성에 처음 들어온 후부터 이곳의 사장이 되겠다는 결심을 하고 달려왔기 때문에, 불만이 있고 불편함이 발생해도 이직을 생각하지는 않았습니다. 다른 회사에 근무하는 친구들과 얘기를 나누면서도, 삼성만 한 회사가 없다는 생각을 늘 했기 때문이었을 수도 있습니다. 또 여기를 벗어나 더 나은 대우를 받을 수 있는 능력을 갖춘 것은 아니라는 자기 판단도 한몫했습니다.

그렇다고 이직이라는 것과 아예 관계없이 지내온 것도 아닙니다. 수많은 후배들이 이직 전에 저를 찾아 면담을 하기도 했고, 역으로 삼성으로의 이직을 원하는 사람들과도 얘기해본 경험이 많기 때문입니다. 그런데 지나고 보니 셀 수 없이 많은 이직의 홍수 속에서도 도드라지는 진리는 하나, 여기서 잘하면 다른 데서도 잘한다는 것이었습니다.

그리고 어디서든 잘하는 사람들이 가진 하나의 공통점은 이직의 이유였습니다. 보통 이직을 고민하는 사람들은 인간관계가 힘들어서, 상사가 마음에 안 들어서, 동료랑 갈등이 심해서 등의 이유를 가지는 경우가 많습니다. 하지만 성공적인 이직을 한 사람들은 조직의 비전이 본인과 맞지 않거나, 자기의 성과가 제대로 평가받지 못한다는 이유가 대부분이었습니다.

즉 일과 비전에 대한 차이로 조직을 옮기는 것이지 인간관계 문제가 아니었다는 겁니다. 사실 선배나 상사 입장에서는 일 잘하고 똑똑한 후배를 절대 놓치고 싶어 하지 않습니다. 괜찮은 신입 사원을 뽑아 제 역할을 할 수 있는 인재로 키워내기가 녹록지 않은 환경에서, 이미 자리 잡고 일 잘하는 사람을 왜 내보내고 싶어 하겠습니까. 질문에 대한 답이 벌써 나온 것 같지만, 결국 잘 이직하는 방법은 '인간관계로부터의 도망'이 아닌 '능력을 인정받고자 하는 도전'에서 나옵니다.

사실 저는 삼성을 떠나는 후배들이 다른 회사를 가건 창업을 하건, 다들 잘되기를 진심으로 바랍니다. 모두가 대한민국의 경제 발전을 위해 애쓰는 것이고, 이 모든 것이 국민들을 위한 경제활동이 되는 것이니까요. 이는 삼성의 창업 회장님이신 호암 이병철 회장님의 철학이기도 합니다.

관계로부터의 도망이라면, 이직은 답이 아니다

만약 지금 이직하려는 이유가 커리어를 업그레이드하거나 지금 있는 조직과 나의 미래관이 맞지 않아서라면, 말릴 생각이 없습니다. 하지만 이직의 이유가 선배나 상사와의 갈등 같은 인간관계 문제라면, 이직보다는 부서를 옮기거나 다른 업무로 전환하는 것을 권합니다.

인간관계, 사람과의 갈등은 어디에든 존재합니다. 그런데 한 회사에서 트러블을 일으킨 적이 있는 사람은, 본인이 원인이 아니라 생각할지라도 어디선가는 또 트러블에 휘말립니다. 때문에 인간관계로 인해 이직을 고민한다면, 이 관계의 틀어짐이 나로부터 시작된 문제는 아닌지 겸허하게 되돌아볼 필요가 있습니다.

사실 요즘 많은 사람들이 급여나 보수보다는 자기 삶을 챙기면서 일하는 것, 삶과 일의 균형을 잡아가는 것을 더 중요하게 생각합니다. 만약 자신이 하는 일이 취미처럼 즐길 수 있고 배우자나 가족도 응원하고 충분한 수입을 발생시킬 수 있다면, 이런 삶도 훌륭하다고 생각합니다. 경제적으로 조급함이 없다면 시간적 여유와 함께 느릿한 삶을 사는 것도 결코 나쁘지 않지요. 저 역시 어느 정도 경제적 여유가 있는 집의 막내였다면 지금과는 다른 삶을 살았을지도 모릅니다. 그저 여기밖에는 답이 없었기에 목표를 세우고, 이직 따위는 염두에 두지 않고 달려왔을 뿐이지요.

　모두가 제 생각 같을 수는 없고, 제가 일하던 때와 지금은 국가의 경제 규모며 개인 소득수준까지 많은 것이 달라진 상황이므로 무엇이 정답이다 아니다를 말할 수 없습니다. 이직도 마찬가지지요. 하지만 그럼에도 오직 일로 성공하고 싶은 사람이라면, 이직에도 신중하게 전략적으로 접근하길 바랍니다. 이직 역시 커리어 관리의 중요한 포인트임을 잊어서는 안 되겠습니다.

知之爲知之 不知爲不知 是知也*

5.

자기경영

기본이 단단한 사람은 살짝 휠지는 몰라도 부러지지는

않습니다. 주변 상사나 선배와 논의하고 조언을 듣습니다.

한숨을 쉴 시간에 실마리를 찾고, 화낼 시간에 해결을 위해

다양한 수단과 방법을 강구합니다. 그리고 이럴 때도 감정의

기복을 밖에 드러내지 않습니다. 외유내강이랄까요.

담담한 얼굴 뒤, 머릿속에서는 수만 가지 경우의 수가

지나가더라도 그 과정에서 주변을 힘들게 하는 법이

없습니다. 이런 친구들은 설사 100퍼센트의 목표 달성은

하지 못하더라도, 항상 일정 수준의 성과를 내면서 조금씩

성장합니다.

---

* **知之爲知之 不知爲不知 是知也(지지위지지 부지위부지 시지야)**

　'아는 것을 안다 하고 모르는 것을 모른다 하는 것이 진짜 아는 것'이듯,

　자신이 무엇을 알고 무엇을 모르는지 끊임없이 점검하고 개선하는 것이 자기경영이다.

26

주목받는
인재의 조건

회사에서 주목받으려면 어떻게 해야 할까요?

　　　　　보이는 게 전부는 아니지만, 전부가 보일 때도 있습니다. 직장 생활을 오래 했다고 해서 관상을 볼 줄 알게 되지는 않습니다. 다만 경험에 의해 데이터가 축적되고 기본적인 원칙론이 만들어지면서, 사람에 대한 정보가 다양하게 쌓일 뿐입니다. 비교적 높은 확률로 판단이 가능해지는 것이지요. 이를 토대로 주목받는 인재의 조건을 정리해봅니다.

답은 '기본'에 있다

보통 하나를 보면 열을 안다고 합니다. 그런데 이 말은 사회생활에서는 좀 섣부른 말이 아닐까 합니다. 사람은 몹시 복잡한 존재이기에, 단편적인 것만 보고 판단하게 되면 편협한 결론이 나오게 됩니다.

특히 다양한 인간관계가 얽혀 있는 직장에서는 한 번 찍힌 '그런 사람'이라는 낙인이 그 사람의 족쇄가 될 수도 있기 때문에 섣부른 판단은 금물입니다. 다만 될성부른 나뭇잎은 진짜 있고 실제로 도드라집니다. 보통 이런 친구들은 단번에 드러나는 것이 아니라 시간을 두고 차츰 눈도장을 찍습니다.

'저 친구 괜찮은데.'라는 인상이 몇 번 반복되면 아무래도 더 주의를 기울여 보게 되고 자연스레 관심이 가면서 한 번 내밀 손, 두 번 내밀게 되는 것이지요. 더군다나 일을 함께하면 짧은 시간 동안 그 사람의 많은 부분을 알 수 있게 됩니다. 대처 능력이나 응대 방식은 물론 지혜가 있는지 없는지, 내공이나 자기 관리는 어떤 수준인지가 보이는 겁니다.

그렇다면 조직에서 도드라지는 될성부른 나뭇잎 재질의 사람들은 어떤 사람들일까요?

첫 번째는 기본이 되어 있는 사람입니다. 이 기본이라는 것은 어느 정도의 학력, 지식 수준, 재산의 정도를 의미하는 것이 아닙니다. 정말 말 그대로 '올바른 사람'의 보편적 기준을 충족하고 있는가에 대한 얘기입니다.

부모님께 효도하고 형제자매 사이에 우애가 있으며 동료들과 잘 지내는 사람은 단순히 좋은 사람이 아니라, 정말 조직에 필요한 사람입니다. 이런 사람들은 대부분 자신의 삶 자체에 충실할 준비가 되어 있습니다. 당연히 일도 정직하게, 열심히 합니다. 자기가 속한 가장 작은 사회인 가정에 충실하고 부모님의 소중함을 아는 친구들은 대부분 회사 생활도 무리 없이 해냅니다. 선후배 관계도 좋고 꾸준히 성장합니다.

무엇보다 이런 친구들은 시간 약속을 허투루 생각하지 않습니다. 회의 시간은 물론이고 출근 시간도 철저히 지킵니다. 지각이란 없지요. 보고서 작성 역시 상사가 채근하기 전에 마무리하는 것은 물론, 때로는 여기에 플러스알파를 해서 가져옵니다. 시간을 잘 지킨다는 것은 자기 관리에도 능하다는 뜻입니다. 단정하고 깔끔한 모습으로 신뢰감을 높이지요.

기본이 된 사람들의 진가는 예상치 못한 일이 벌어졌을 때도 나타납니다. 회사 생활은 변수의 연속입니다. 아무리 잘하려 해도 역부족일 때가 있고, 혼자 힘과 노력으로 해결할 수 없어 다른 사람,

다른 부서의 도움이 필요한 경우도 종종 발생합니다. 스트레스이기도 하지만 이런 게 또 일의 묘미이기도 한데, 이때 이를 스트레스로 받아들이는 사람과 일의 묘미로 받아들이는 사람의 차이가 바로 기본기의 유무에 있습니다.

기본이 단단한 사람은 살짝 휠지는 몰라도 부러지지는 않습니다. 주변 상사나 선배와 논의하고 조언을 듣습니다. 한숨을 쉴 시간에 실마리를 찾고, 화낼 시간에 해결을 위해 다양한 수단과 방법을 강구합니다. 그리고 이럴 때도 감정의 기복을 밖에 드러내지 않습니다. 외유내강이랄까요. 담담한 얼굴 뒤, 머릿속에서는 수만 가지 경우의 수가 지나가더라도 그 과정에서 주변을 힘들게 하는 법이 없습니다. 이런 친구들은 설사 100퍼센트의 목표 달성은 하지 못하더라도, 항상 일정 수준의 성과를 내면서 조금씩 성장합니다.

마음 그릇, 크기가 아니라 재질이 관건이다

두 번째는 마음 그릇이 유연한 사람입니다. 흔히 속이 좁은 사람을 간장 종지 같다고 합니다. 그 크기가 작아서 종지에 비교하곤 하는데, 저는 그릇의 크기는 상관없다고 생각합니다. 누가 태어날 때부터 항아리를 가슴에 품고 나오겠습니까. 우리 모두는 다 간장 종지를 품고 태어납니다. 다만 그 종지가 무엇으로 만들어졌는지가 훨씬 더 중요합니다.

만약 반들반들한 사기그릇의 마음이라면 그 그릇은 쉽게 깨져 버립니다. 밖에서 충격이 와도 깨지고, 안에서 들볶여도 깨집니다. 키우기가 어렵습니다. 그런데 그 작은 종지가 놋으로 만들어졌다면 충분히 커질 수 있는 가능성이 있습니다. 뜨거운 불에 달궈지고 두들겨지고 펴지면, 어느새 그릇의 크기가 커지는 것이지요.

보통 사기 종지를 품고 사는 사람은 소탐대실합니다. 눈앞에 있는 내 것에 대한 집착이 심해서 안달하는 사람들은 대부분 마음이 사기 종지입니다. 이런 사람들이 가장 많이 하는 실수는 눈앞의 이익 때문에 큰 것을 놓치고, 나무에 집착하느라 숲에서 길을 잃는 것입니다.

이건 많이 배우고 많이 가진 것과 상관없이 자기 훈련, 자기 단련에 따라 달라집니다. 놋그릇의 마음을 가진 사람은 감사할 줄 알고, 다른 사람의 공(功)을 시원시원하게 인정합니다. 그 용량이 무궁무진하게 늘어나는 겁니다. 만약 내 그릇이 사기 종지라는 생각이 들면 과감하게 깨버리고, 내 안에 작은 놋그릇을 하나 들이는 노력을 해야 합니다.

스스로 발향하는 사람의 미덕

기본이 되어 있고 경험을 통해 그릇이 늘어날 수 있는 사람이 조직에서 눈에 띄는 될성부른 나뭇잎이라면, 자신만의 향을 뿜을 수 있는 사람은 그 자체로 큰 그늘을 만들 수 있는 가능성이 충만한 사람입니다.

스스로 발향하기 위해서는 먼저 많이 빨아들여야 합니다. 듬뿍 머금은 것이 있어야 밖으로 뿜어낼 수도 있기 때문입니다. 자신의 일과 인생에 도움되는 것들을 스펀지처럼 흡수해서, 본인 것으로 소화하려고 노력하는 사람들은 양분을 빨아들인 식물처럼 눈에 띄게 성장합니다.

특히 이들이 놓치지 않는 것 중 하나가 독서입니다. 그중에서도 고전과 역사는 생각의 운동장을 넓혀주는 중요한 재료가 됩니다. 대화를 해보면 역사서를 읽고 역사의 흐름을 파악한 사람과 그렇지 않은 사람이 구사하는 단어가 다르고, 현재를 보는 시각이 확연히 다른 것을 느낄 수 있습니다. 역사는 반복되지 않지만 흐름은 재현되기 때문이죠.

메이지유신이 오늘의 일본이 근대화로 가는 중요한 출발점이 된 사건이라는 것은 누구나 알고 있습니다. 이때 조선은 고종이 즉위한 지 5년째 되는 시기였지요. 흥선대원군이 서원 철폐를 시작하고 1865년 경복궁 중건을 추진하면서 우리가 잘 아는 쇄국정책이 진행되었는데, 바로 옆 일본이 근대화에 박차를 가할 때 우리는 역사를 거슬러가고 있었던 셈입니다. 그 시기 먼 나라 미국에서는 링컨 대통령이 노예해방을 선포하고(1863년) 영국에서는 증기기관을 이용해서 세계 최초의 지하철을 건설했습니다. 세계가 근대화를 향해 너도나도 달려가고 있을 때 우리나라는 그렇지 못했던 겁니다.

물론 이는 100년도 더 된 옛날의 일이지만, 세계열강의 발전 속에 멈칫거리고 있는 모습은 지금의 우리에게서도 발견할 수 있습니다. 역사를 아는 사람은 과거를 반면교사 삼아 현재에 취해야 할 태도를 정할 수 있습니다. 하지만 모르는 사람은 허둥거리거나 아예 변화를 감지하지 못하다 도태될 것입니다.

결국 우리가 스스로 품을 수 있는 향이란 고전과 역사가 주는 지혜가 쌓였을 때 나오는 것이라 할 수 있습니다. 입사 초기에는 당장 떨어진 일을 해결하기 위해 책을 읽고 고민할 시간이 부족할 수도 있습니다. 그럼에도 불구하고 무언가 받아들이기를 게을리하지 않아야 1~2년 뒤 성장의 자양분을 간직한 사람으로 성장할 수 있게 됩니다. 단순히 떨어진 일을 처리하는 것이 아니라 스스로 생각하고 해결하는 능력이 쌓입니다. 그리고 이때 활용되는 지혜는 과거의 사람들이 했던 행동, 고전에 담긴 진리에서 나옵니다. 괜히 책이 지혜의 전당인 것이 아니라는 말이지요.

그래서 또래에 비해 역사에 대한 지식이 깊은 친구들을 만나면, 저도 모르게 긴장하곤 합니다. 나이에서 오는 경험은 제가 많을 수 있지만, 그가 간접적으로 가지고 있는 역사적 깊이는 저보다 나을 수 있으니까요. 긴장과 함께 찾아오는 것은 기분 좋은 기대감입니다. 그가 어떤 모습으로 자신만의 향을 뿜어내며 성장할지를 지켜보는 건 그 무엇보다 두근거리는 일이기 때문입니다.

비단 20~30대에 한정되는 이야기는 아닙니다. 40~50대 중간 관리자와 임원이 되어서도 '발향'은 계속되어야 합니다. 그리고 이는 열린 자세와 권한 위임, 그리고 경청으로 가능합니다. 혹여나 전문 인력을 내 옆에 혹은 후배로 두면 내 일이 없어지고 권한이 축소될 수 있다고 생각하나요? 절대 그렇지 않습니다. 윗사람은 인재를 키워서 성과를 내는 사람들을 늘 관심 있게 지켜보기 마련이고, 그런 열린 사람들에게는 큰일을 맡기는 게 인지상정입니다. 저 역시 선배든 후배든 실력 있는 전문가는 늘 호기심과 자극의 원천이었습니다. 그들로부터 배우기도 했지만, 그들이 일하게 하고 저는 조력자로서의 역할을 하면서 함께 성장했습니다.

발향함으로써 큰 그늘이 되어 후배들을 키우십시오. 크게 크게 키우십시오. 후배를 키우면 나도 큽니다. 진리입니다. 윗사람들은 항

상 이를 지켜보고 있을 것이며, 후배를 키우는 사람들을 중용하게
되어 있습니다.

27

답 없는 답을
찾는 법

삶의 발전을 위해 가장 중요한 것은 무엇일까요?

답 없는 답을 찾아가는 것이 삶입니다. 삶의 발전은 제가 답을 할 수 있는 문제는 아닌 것 같습니다. 인간의 삶처럼 다양하고 고차원적인 부분에 대한 답은 철학자, 교수 또는 종교인에게서 얻을 수 있는 것이 아닐까 싶기도 합니다. 다만 제가 대답할 수 있는 것은 평생의 3분의 2를 오직 한 직장에서 일해온 경험뿐입니다. 그래서 이를 토대로 이야기를 해볼까 합니다.

직장에서의 삶도 나의 삶이다
||||||||||||||||||||||||||||||||||||||||||||||||||||||||||||||||||||||||||||||

앤드루 카네기는 자서전에서 이렇게 말한 바 있습니다.

"평균적인 사람은 자신의 일에 자신이 가진 에너지와 능력의 25퍼센트를 투여한다. 세상은 능력의 50퍼센트를 쏟아붓는 사람들에게 경의를 표하고, 100퍼센트를 투여하는 극히 드문 사람들에게 머리를 조아린다."

발전을 위해 답을 찾아가는 사람들은 이 100퍼센트를 향해 가고 있는 사람들입니다. 반드시 누군가의 눈에 띄게 되어 있고, 설사 몇 번의 실패를 하더라도 언젠가는 성공의 맛을 보게 됩니다. 삶 자체가 결국 발전합니다.

저는 삶의 발전을 위해 개인적으로 열정을 놓지 않았는데, 이 열정을 발휘하며 달렸던 곳은 직장이었습니다. 우리의 삶이 발전하는 흐름 안에서 직장을 빼놓기는 어렵습니다. 조직 생활을 하지 않더라도 내가 경제활동을 하는 모든 행위의 장소가 직장이라 한다면, 삶과 떼놓을 수 없는 곳이 직장이라는 점에 동의할 것입니다. 그래서 여기서는 삶의 발전이라는 질문을 좀 좁혀보고자 합니다. 바로 직장인의 삶으로 말입니다.

직장인으로서 삶의 발전이란 무엇이고, 어떻게 정의 내릴 수 있으며, 어디서부터 접근할 수 있을까요? 앞에서부터 차근차근 글을 읽은 사람은 아마 눈치챘겠지만, 제가 하나의 삶을 나눌 때 기준으로 삼았던 것은 주로 연령대였습니다. 나이에 따라 개인이 추구하고 노력해야 할 것 몇 가지를 계속 언급해왔지요. 이는 직장인이 직업인으로 성장, 발전하기 위해 필요한 것을 정리하는 좋은 방법입니다. 아래 표를 한번 같이 그려보면 어떨까요?

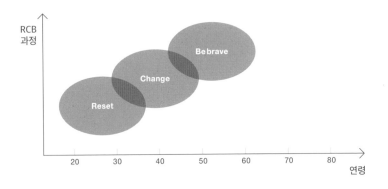

아래는 위의 표를 기준으로 제가 제 인생을 그려본 것입니다.

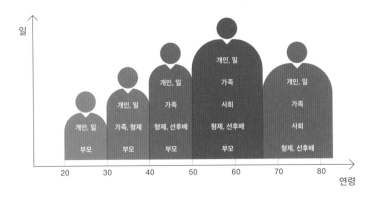

지내왔던 시간을 X축으로 두고 가족과의 시간을 Y축으로 놓고 보면, 20~30대의 저는 삶의 발전을 위해 오로지 스스로에게 몰두했음을 알 수 있습니다. 집을 짓는다고 가정하면 기초공사의 시기인 셈입니다.

이후 30~40대로 넘어가면 내가 품어야 할 범위가 더 늘어납니다. 나만 생각했던 시기를 지나 부모님을 생각하고 가정을 생각해야 합니다. 시간이 더 흘러 50대까지 가면 자녀와 그 자녀가 겪을 것들에 대한 지원, 준비도 생각의 범위 안에 들어가야 합니다. 그리고 이때 즈음 은퇴 후의 삶도 함께 고려하게 됩니다. 이후는 이 모든 것을 포함해, 죽고 나서 남긴 것들이 어떻게 흘러갈 것인가도 담아낸 것입니다. 이 중 20~50대까지의 삶은 직장에 걸쳐 있습니다. 당연히 직장에서 성장하는 것이 직장 밖 삶을 유지하는 데도 영향을 주겠지요.

여기서의 핵심은 삶의 발전이 나 하나만 본다고 해서 이뤄지는 것이 아니라는 점입니다. 제 모든 연령의 시간대에는 늘 가족이 있습니다. 그리고 제가 챙겨야 할 것들이 있지요. 책임은 때로 나를 지치게 만들 수도 있지만, 이로 인해 나는 발전하고 강해집니다. 왜라는 질문을 하지 않고 모두 당연하게 내가 품고 나아가야 한다는 생각을 하면, 모든 근육을 발달시키는 모래주머니처럼 삶에 안착되는 것이 책임입니다.

저를 돌이켜보면 결혼 전후에는 부모님과 형제자매가 제 삶을 발전시키는 원동력이자 노력의 원천이 되어주었습니다. 결혼 후에는 아내와 아이들이었지요. 특히 아내는 저에게 동반자 그 이상으로, 조력자이자 발전의 에너지입니다. 삶을 발전시키겠다 결심하게 하고 달려오게 만든 것은 팔 할이 가족입니다.

시간의 흐름에 따라 삶의 발전에서 어떤 것이 중요한지는 바뀝니다. 다만 여기서 하나 첨언하고 싶은 것은 중요도의 초점이 금전과 부유함에 꽂혀서는 안 된다는 것입니다. 부유함은 내가 추구한다 해서 오는 것이 아닙니다. 다만 방향을 잘 잡아 노력으로 나아가면 속도의 차이는 있지만 언젠가는 따라옵니다. 추구하는 것이 아니라 따라오게 해야 합니다. 저의 삼성에서의 삶은 그랬습니다.

어쩌면 삶의 발전은 나이에 따라 어떤 것이 중요한지를 조합해서 내 삶의 테두리 안에 적절히 넣는 작업일 수 있습니다. 그 테두리를 든든하게 버티게끔 하는 것이 기본기가 탄탄한 열정일 테고, 테두리를 적절하게 넓혀가는 것이 내공이겠지요.

열정에의 충동

삶의 발전을 위해 고민해야 할 부분들은, 다양한 종류의 책을 읽고 사람에 대한 생각을 폭넓게 하면서 본인이 찾아가는 것이 가장 좋습니다. 다만 저는 근 40년간 한 직장에서 일해오면서 느꼈던 것을 전달하려 하니, 다소 협소하더라도 감안해주기를 바랍니다.

인생은 답이 없습니다. 그래서 그 인생을 발전시키기 위한 요소도 답이 없습니다. 하지만 제가 여기서 하고 싶은 말은 고전적인 것, 진리는 변하지 않는다는 것입니다. 공자가 한 말 중 "지지위지지 부지위부지 시지야(知之爲知之 不知爲不知 是知也)"는 제 삶의 지표 같은 말입니다. '아는 것을 안다고 하고, 모르는 것을 모른다고 하는 것이 진정으로 아는 것'이라는 말입니다. 그런데 얼마 전에 칼 포퍼의 『삶은 문제해결의 연속이다』를 읽다가 인상 깊은 구절을 발견했습니다.

"'우리는 아무것도 모른다' 이것이 나의 첫 번째 논지입니다. '그러므로 우리는 겸손해야 한다.' 이것이 두 번째 논지입니다. '모르면서 안다고 하지 말아야 한다.' 이것이 세 번째 논지입니다."

그가 공자를 알고 나름대로 인용한 것인지 아닌지는 확인할 바 없습니다. 하지만 그간 칼 포퍼가 지속적으로 말한 바에 비추어보면 그는 오래전부터 저 얘기를 꾸준히 해왔음을 알 수 있습니다. 동서양을 막론하고 시대를 넘나들어 진리는 하나로 통합니다. 그렇다면 변화무쌍한 세상에서 나의 삶을 발전시키기 위한 답을 고전에서 진리라 일컬어지는 것 중에 찾아보는 일은 꽤 괜찮은 시도가 아닐까 합니다.

제 삶의 발전에 있어 중요한 요소는 열정이었습니다. 그리고 열정의 근원을 찾아보면 가정환경에서 온 절실함도 있지만, 역사를 통해 학습한 '불가능의 극복'에 대한 스토리들이 자리 잡고 있습니다.

칭기즈칸은 주력부대인 기병대의 갑옷 뒷부분을 없앴다고 합니다. 이동성을 극대화하기 위해 말이 부담하는 무게를 줄이려는 의도였지요. 여기에 더해 병사들에게 '후퇴하면 죽는다.'라는 무언의 압력을 행사한 것이기도 합니다. 만약 칭기즈칸에게 중국 대륙 통일이라는 목표가 없었다면 그런 작은 것까지도 디테일하게 챙길 수 있었을까요? 그의 꿈이 답을 만든 것입니다.

1453년 동로마제국이 이슬람의 마호메트 2세에게 점령당해 멸망했습니다. 콘스탄티노플이 지금의 이스탄불이 된 것이지요. 실제로 튀르키예 박물관에 전시되어 있는 배는 이슬람군이 들고 산을 넘었던 것입니다. 콘스탄티노플이 지형상 공략하기 힘들자 자신들의 배를 들고 산을 넘은 것이지요. 누가 알았겠습니까. 배를 지고 산을 넘을 줄 말입니다.

저는 역사에서 목표를 향해 도전하는 열정이 만들어낸 결과들을 보며, 자연스레 이 부분을 저의 열정에 더했습니다. 저의 자양분인 것이지요. 그래서 저는 삶의 발전을 위해서는 열정적으로 살아야한다는 표면적인 대답보다, 구체적으로 그 열정의 자양분이 될 지식과 식견을 갖추기를 게을리하지 말라고 권하고 싶습니다. 특히 역사는 세대와 상관없고 시대와도 관계없이 모두가 취할 수 있는 공공재입니다.

삼성의 창업 회장이셨던 호암 이병철 회장님 역시 끝없이 도전한 역사가 남아 있고, 그 역사의 결과가 지금의 삼성으로 이어져오는 것입니다. 시간이 쌓아 만든 결과는 견고합니다. 촘촘하기까지 합니다. 그래서 잘 무너지지 않고, 우리는 이 무너짐 없는 안정성을 고전의 힘이라고 합니다. 이 힘이 단단하게 내재된 사람은 결국 스스로가 바르게 발전할 수 있는 계기를 찾아내고 힘을 기울입니다. 운동할 때 힘쓰는 곳을 정확하게 사용해야 근육이 바르게 만들어지는 것처럼 삶도 그렇습니다.

연결 고리를 보는 시스템적 사고

힘을 정확히 써야 올바른 근육이 만들어진다고 했는데, 이를 좀 더 전문적 용어로 표현하면 '시스템적 사고'라고 할 수 있습니다. 일은 나 하나, 내 조직, 팀, 사업부에 국한되지 않고 유관 부서, 타 조직, 타 사업부서와 상호작용을 하고 있으므로 이를 잘 봐야 합니다. 즉 큰 그림을 보고, 필요한 바로 그곳에 제대로 힘을 쓰는 것이 시스템적 사고입니다. 다음 그림을 보시지요.

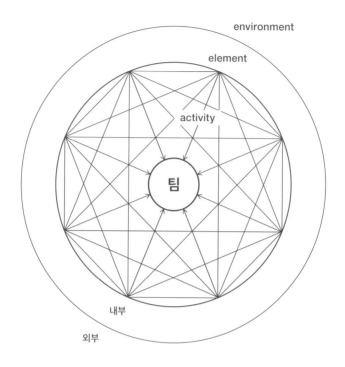

element: 나 하나, 내 조직과 관련된 타인, 타 부서, 즉 상품기획, 기술전략, 개발, 제조, 마케팅, 영업, 검증, CS, 구매 등이 있겠습니다.

activity: element 간 벌어지는 업무 협의, 회의 등 커뮤니케이션이나 일을 달성하는 일상적 과정에서 벌어지는 모든 것을 의미합니다.

environment: 사업부 내외를 가리킵니다. 이는 내가 혹은 팀이나 그룹 등이 컨트롤할 수 있는가 없는가, 혹은 내게 변수로 작용하는가 등으로 판단하면 됩니다. 특히 거래선, 파트너사 등을 외부 환경으로 보면 됩니다.

일의 시작과 끝을 생각하고 일하는 사람과 그렇지 않은 사람의 경우는 퀄리티에서 큰 차이가 날 수밖에 없습니다. 전체 그림을 파악하고 일의 제약 조건과 변수까지 안다면, 내가 할 수 있는 일인지 아니면 외부 자원을 활용할 것인지에 대한 사전 대비를 할 수 있습니다. 거듭 강조하지만 혼자 모든 것을 할 수는 없습니다.

'답 없는 답'을 찾는 방법은 결국 고전 읽기를 통한 경험의 폭과 열정을 바탕으로 한 도전, 그리고 시스템적 사고를 토대로 일의 전체를 조망하는 것이라고 할 수 있겠습니다.

28

시대를 읽는 눈을
갖는 법

시대를 읽는 힘을 어떻게 키울 수 있을까요?

현재는 과거와 손잡고 있다는 걸 기억합시다. 시대를 읽는다는 것은 쉬운 일이 아닙니다. 저 역시도 시대를 읽은 사람이냐는 질문에 선뜻 그렇다고 대답하기가 어렵습니다. 다만 시대를 읽고 앞서갔던 사람들, 시대를 읽지 못해 뒤처진 국가와 사람들의 예를 접하면서 나는 과연 어떤 사람인가를 반추할 뿐입니다.

다양성의 차이가 힘의 차이를 만든다

제가 역사를 통해 배우고, 이를 실제 조직 생활에 적용한 첫 번째는 다양성의 포용이었습니다. 1492년 콜럼버스는 아메리카 신대륙을 발견합니다. 원래 이탈리아 사람이었던 그는 스페인 이사벨 여왕의 지원을 받아 대항해를 떠납니다. 사실 처음 스페인은 콜럼버스에 대한 지원을 망설였습니다. 그래서 꾀를 낸 콜럼버스가 다른 나라에서 지원받을 듯이 굴었고, 결국 유럽의 다른 국가들과 경쟁하던 스페인의 지원을 성공적으로 얻어낸 것이었습니다.

사실 저는 유럽이 근대국가로 빠르게 발전할 수 있었던 이유가 여기에 있다고 봅니다. 다양한 국가와 국왕들이 서로 경쟁하며, 도전하려는 모험가들이 '이 나라 안 되면 저 나라에서 받지 뭐!' 할 수 있었던 환경이 조성된 덕분이라고 생각하는 것입니다. 이탈리아 사람이 본국도 아닌 스페인에서 지원을 받겠다고 한 것도 놀라운데, '너희가 아니면 다른 나라에서 받지 뭐!' 할 수 있었다는 것은 그만큼 다양성이 존재했다는 증거니까요.

그런데 사실 대항해는 이미 90여 년 전에 명나라가 먼저 시작했습니다. 그것도 일곱 번이나 말입니다. 무슬림 출신의 환관인 정화는 영락제 시절 1405년에서 1433년까지 근 30년 동안 동남아, 인도, 아랍, 케냐 등을 방문했습니다. 그런데 왜 일곱 차례나 도전한 명나라는 그저 원정에 그치고, 90여 년 뒤 유럽의 국가들은 경쟁적으로 대항해시대를 열 수 있었을까요?

저는 그 이유를 인풋 대비 미흡한 아웃풋 때문이 아니었을까 생각합니다. 당시 정화가 다녔던 나라들 중에는 명나라 이상의 문화, 문명, 자원을 가진 국가가 없었습니다. 또 주변에 배를 띄울 만한 여력이 있는 나라가 없으니 경쟁 구도가 만들어지지 못했지요. 나라에 도움될 것을 가져오지 못하니, 투입 비용 대비 돌아오는 것이 없어 신하들의 반발이 심했을 것입니다. 그 와중에 영락제 이후 두 명의 왕을 더 거치며 항해를 했던 정화가 사망하면서, 명나라의 항해시대는 흐지부지 끝나고 맙니다. 이후 중국은 큰 배를 만들지 않으면서 아예 해양에서의 힘을 상실하고 말았지요. 반면 유럽은 다양한 나라들이 경쟁적으로 배를 띄우면서 대항해시대가 열린 것입니다.

저는 임원이 된 후 늘 다양성에 관심을 가졌습니다. 똑같은 항해술을 가지고도 명나라와 유럽의 행보가 달랐던 이유가 다양성의 차이에 있다는 생각이 들었기 때문입니다. 그래서 최대한 다양한 분야의 사람을 국적에 상관없이 능력만 보고 채용했습니다. 제가 떠난 후에도 지속될 수 있는 조직 문화를 만드는 데 힘을 쏟았고요. 한국에 본사를 두고 세계 무대에서 활약하는 글로벌 기업으로 만들어야, 임직원들이 자부심을 가지고 근무하게 되고 전 세계 소비자들로부터 사랑받을 수 있다는 생각이었지요.

다양성을 포용하는 문화를 만들어 전파해야 그 생명력이 오래 간다는 것은 제가 역사로부터 배워 실천한 교훈 중 하나입니다.

우연은 없다는 믿음 혹은 집념

지구가 둥글다는 인식이 아직 없을 때 콜럼버스가 용감하게 대항해를 떠날 수 있었던 건 1474년 지리학자 토스카넬리가 얘기한 평평하지 않은 지구에 대한 주장을 이미 알고 있었기 때문입니다. 또 지도학자였던 동생으로부터 지구가 구형이라는 사실을 들었기에 용기를 낼 수 있었던 겁니다. 여기에 더해 향신료가 절실했던 유럽의 상황도 있었습니다. 1453년 동로마제국이 마호메트 2세에 의해 멸망하면서 중국, 인도 등을 통해 유럽으로 들어왔던 각종 향신료의 공급에 차질이 생겼지요.

이런 여러 배경으로 인해 콜럼버스는 두려움 없이 인도를 향해 먼 원정 길을 떠날 수 있었습니다. 그는 인도가 아닌 지금의 아메리카 대륙을 발견했고 이것이 2차, 3차 원정으로 이어지면서 다양한 발전의 근간을 마련하게 됩니다. 물론 역사적으로 논란이 없지 않고 그 논란이 지금껏 이어져오고는 있으나, 발견 자체에만 초점을 둔다면 도전이 만들어낸 성과임은 분명하지요.

콜럼버스의 발견과 마찬가지로 무엇 하나 우연히 되는 것은 없습니다. 집요하게 파고들다 보면 다음 단계로 나아가 발전할 수 있다는 것, 이게 제가 역사를 통해 배운 두 번째 진리입니다.

그래서 저는 역사책을 읽으며 당시 상황에 나를 대입시켜 시뮬레이션해보기를 권합니다. 더 나아가 '내 집에, 내 회사에, 내 부서에 이런 일이 생기면 어떻게 하지?'를 한번 상상해보면 좋겠습니다. 완벽하게 똑같은 일은 생기지 않겠지만, 비슷한 일이 돌고 도는 것이 세상사이기 때문입니다.

'왜?'라는 질문을 끝없이 던져보는 것도 좋은 방법 중 하나입니다. '왜?'라는 질문은 호기심을 불러옵니다. 호기심이 있다는 것은 파고들 의욕이 있다는 의미입니다. 파고들다 보면 반드시 배우는 바가 생깁니다.

직장인으로 일하며 자기 분야가 확고해지면 직업인이 됩니다. 이렇게 성장하기 위해서는 한정된 삶 안에 폭넓은 경험의 장을 끌어들이고 다양한 분야를 경험해야 하는데, 이때 역사는 무엇보다 좋은 재료가 됩니다. 이를 통해 시대를 읽고 배우는 능력을 키움으로써, 적어도 뒤처지는 일은 없게 해야 할 것입니다.

콘고지신, 온고지신

최근 들어 몇십 년 전 유행했던 콘텐츠들이 리마스터링 등을 통해 다시 떠오르면서 '콘고지신'이라는 신조어가 생겼습니다. '콘텐츠+온고지신'이라는 뜻인데, 과거의 콘텐츠로 돌풍을 만들면서 수익을 창출하는 구조와 전략을 말합니다. 콘텐츠 안에 숨 쉬는 역사적 시간들을 공감을 통해 향유한다는 점이 흥미롭습니다.

시대를 읽는다는 것은 몹시도 어려운 일입니다. 저 역시도 점수를 많이 줘봐야 시대에 아주 뒤처진 것은 아니고, 그저 평균이거나 평균보다 약간 높은 정도로 시대를 읽었지 않았나 하는 자기 평가를 합니다. 그나마 시대의 흐름에 대한 관심을 꾸준히 가져온 덕분인데, 이는 어렸을 때부터 공부한 한문과 이를 통해 관심을 갖게 된 고사성어, 고사성어의 배경이 되는 역사로까지 이어진 연결 고리 덕이라 생각합니다.

초등학교 5학년 정도였던 때로 기억합니다. 어느 날 문득 인간은 왜 늙고, 왜 죽어 이 세상에서 없어져야 하는지에 대한 질문과 더불어 공포가 몰려왔습니다. 육 남매 중 막내였던 저는 당시 이불을 뒤집어쓰고 펑펑 울다가 열한 살 많은 큰형님에게 이상한 원망까지 쏟아냈습니다. 형은 부모님의 젊은 시절을 다 보고 자랐는데, 왜 나는 나이 든 부모님만 봐야 하는 건지 억울하다고 말입니다. 그냥 웃고 넘길 수도 있었겠지만 당시 큰형님은 제 질문에 안타까워하며 공감해주곤 했지요.

이와 비슷한 질문들로 복잡해진 머리가 정리된 건 6학년 겨울 방학 때 한자를 배우면서부터였습니다. 오랜 역사를 가진 문자인 한자는 그 안에 철학, 역사, 우주, 삶과 죽음, 그리고 선현들의 지혜가 담겨 있습니다. 이를 통해 사람이 어떻게 살아야 하는지와 좋은 삶을 사는 방향성에 대해 깨달을 수 있었지요.

한자 공부는 고등학교 1학년 때까지 이어졌고, 더 나아가 고사성어를 통해 제 인생의 기준들을 만들어가기 시작했습니다. 고사성어에 관심을 가지니 자연스레 우리 조상들이 남긴 속담이나 격언도 많이 알게 되었습니다. 특히 어머니께서 고사성어를 활용한 말씀을 많이 하셨는데 그 한 구절 한 구절이 마음에 새겨져, 한 번씩 저를 일깨우곤 합니다. "열 자식 중 한 자식만 잘되면 된다."라는 말을 형제들 중 저만 들었다는 사실을 나중에 알게 된 후에는 어머니가 제게 건 기대였다고 생각하며, 늘 그 말씀에 책임을 지며 살려고 합니다.

이후 한자와 옛것에 대한 관심은 역사서와 역사소설로 옮겨갔습니다. 그리고 여기에서 얻은 지혜들은 제 삶과 직장 생활에 큰 영향을 끼쳤습니다. 사실 회사에서는 "이런 일이 있었으니 앞으로 저런 일이 벌어질 수 있어."라는 경고를 들을 기회가 거의 없습니다. 모두가 바쁜 와중에 과거 이야기는 업무와 직접 관련이 없는 한 꺼내지 않기 때문입니다. 하지만 우리가 역사를 통해 큰 흐름 안에서 현재의 위치를 가늠해보는 일이 필요하듯, 회사와 관련된 일도 역사와 흐름을 아는 것이 중요합니다.

'콘고지신'이라는 신조어도 이야기했지만 블록체인, 챗GPT 등 이루 헤아릴 수 없는 많은 용어와 콘셉트들이 등장하는 시대입니다. 선도적으로 준비하고 대비하지 않으면, 시장에서 사라질 수밖에 없는 참으로 험난하고 무서운 세상에서 우리는 살고 있습니다. 그래서 시대를 읽는 눈이 중요한 것이고, 이를 위해 역사를 공부해야 하는 것입니다. 역사는 우리가 나아갈 길을 알려주는 나침반이 될 수 있습니다.

29

마음의 코어를
키워라

상대적 박탈감에 자꾸 좌절이 몰려오는데, 어떻게 해야 할까요?

진짜로 부럽습니까? 왜 부럽습니까? 상대적 박탈감은 참 고약한 마음입니다. 그 어떤 자리에 있어도 상대적 박탈감은 마음을 가난하게 만듭니다. 수천억 원대 부자라도 수조 원대 부자를 보고 상대적 박탈감을 느낀다면 그는 부자가 아니고, 지금 주머니에 천 원이 있더라도 기꺼워할 수 있으면 그 사람이 진짜 부자입니다.

코어 근육을 기르기 힘든 이유

운동을 하다 보면 항상 듣는 얘기가 코어의 중요성입니다. "코어 근육을 키워야 한다, 코어의 힘이 중요하다, 코어가 살아야 다른 근육도 산다." 등등 코어 근육을 만들어야 한다는 말을 귀 따갑게 듣습니다.

그런데 이게 참 쉽지 않습니다. 매일 노력하지 않으면 앞서 공들인 것이 한순간에 무너집니다. 근육을 키우는 데는 오랜 시간이 걸리는 반면 잃는 데 걸리는 시간은 무척 짧지요. 하지만 일단 단단하게 세워놓고 나면 그동안 여기 아프고 저기 아프고 했던 신체가 서서히 건강하게 자리를 잡아갑니다. 일단 만들기만 하면 여러모로 좋습니다. 그런데 왜 코어 근육은 다른 근육보다 만들기가 어려울까요?

근육 자체의 특성도 있지만, 무엇보다 가시적으로 효과가 드러나는 시간이 상대적으로 길어서 그런 게 아닐까 생각해봅니다. 우리는 꾸물거리며 미루고 게으른 스스로에게는 참 관대한데, 희한하게 내가 조금 노력한 것에 대한 결과는 빨리 나오기를 바랍니다. 아이러니하지요. 그러니 아령 몇 번만 들어도 금방 변화가 느껴지는 팔근육 운동은 하면서, 오래 노력해야 결과가 나오는 코어 근육 운동은 외면하는 겁니다.

이런 선택적 태도는 비단 운동에만 적용되는 것이 아닙니다. 꽤 많은 비중으로 삶 전반, 조직 생활 전반에도 스며 있습니다. 그러니 내가 도드라지고 드러날 수 있는 단편적인 일에는 집중하고, 오랜 시간 묵묵히 받쳐줘야 하는 일은 기피하는 것이겠지요. 물론 야망을 가지고 자신의 능력이 잘 드러날 수 있는 일만 선택하는 것을 무조건 비난할 수는 없습니다. 목표를 세우고 그 목표에 부합한 선택을 하는 것일 수 있으니까요. 다만 이 선택의 기준이 정말 목표인가 아니면 보여주기식 허영에 따른 것인가는 진지하게 고민해보아야 합니다. 전자라면 언젠가 어떤 형태로든 성과가 있겠지만, 후자라면 빠른 시간 안에 상대적 박탈감이 엄습해올 것이기 때문입니다.

상대적 박탈감의 정체

이 상대적 박탈감이라는 것은 미세 먼지를 가득 머금은 안개 같습니다. 서서히 몸을 잠식하고 나쁜 것들을 마음에 쌓습니다. 대부분의 사람들이 상대적 박탈감을 해소하는 방법으로 무리한 쇼핑, 과도한 소비를 하곤 합니다. 안타까운 일이지요.

이럴 때 쓰는 비용을 '홧김 비용', '쓸쓸 비용', '시발 비용' 등이라고 부른다지요. 감정에 휩쓸려서 이 정도는 나를 위로하면서 쓰겠다고 소비하는 비용인데, 과연 그중 진정 나를 위로해준 것은 몇 개나 될지 생각해볼 문제입니다.

세계 최대 규모의 명품 소비 국가라는 타이틀은 제 생각에는 결코 자랑스러운 것이 아닙니다. SNS에 올라오는 다양한 형태의 사치들과 이를 보며 박탈감에 좌절하는 사람들이 늘어나는 상황도 몹시 안타까운 일입니다.

아마 2000년도 초반인 것으로 기억합니다. 그때 '세계가 만약 100명의 마을이라면 어떨까?'라는 가정에서 시작된 글이 있었습니다. 그 글에 따르면 100명 중 20명은 영양실조로 고생하고 있고, 한 명은 굶어 죽기 직전이라고 합니다. 한 명은 대학 교육을 받았고 두 명은 컴퓨터를 가지고 있습니다. 또 다른 20명은 공습, 폭격, 지뢰에 대한 공포를 겪고 있고요.

그런데 이 글을 읽는 사람 중 영양실조의 고통이나 공습, 폭격, 지뢰에 대한 공포를 겪는 이는 많지 않을 겁니다. 불행한 사람을 보며 위안하라는 이야기가 아닙니다. 남과 비교하며 박탈감이나 우월감을 느끼는 것은 모두 부질없다는 말입니다. 중요한 것은 '남'이 아닌 '나'에게 집중하는 일입니다.

마음의 코어를 키우는 간단한 방법

아마 대부분 이론적으로는 앞의 얘기에 공감할 겁니다. 그럼에도 이런 말을 할 수 있습니다.

"아는데, 그래도 보고 들으면 박탈감이 몰려오는 걸 어떡해요."

이 말도 이해합니다. 코어 근육이 중요한 것은 알지만, 그 근육을 키우는 운동은 힘들어 외면하는 것과 비슷한 결이겠지요. 그런데 저는 제 인생에서 한 번도 상대적 박탈감을 느껴본 적이 없습니다. 마음의 코어를 기르는 방법을 배운 덕이지요.

바로 한자 공부입니다. 저는 다른 제반 사항을 제쳐놓고 오롯이 한자만을 보았을 때, 그 문자가 가진 문화유산으로서의 가치를 존중하고 그 안에 담긴 오랜 세월의 지혜에 공감합니다. 세계 어느 언어를 찾아봐도 사자성어처럼 길고 심오한 의미를 하나로 압축한 말을 찾을 수 없습니다. 한문이 가진 언어적 특징이기도 하겠지요. 이 압축력과 다양한 의미를 지닌 확장성에 매력을 느껴 초등학교 때부터 저는 한자와 사자성어, 고사성어를 공부했습니다. 단순히 읽는 것뿐 아니라 쓰는 것까지 잘했으면 좋겠다는 어머니 말씀에 일상에서도 한자를 섞어 쓰는 습관을 길렀지요.

한자 공부가 단순히 언어 학습을 넘어, 그 안에 숨은 삶의 정수를 내 안에 쌓는 일임을 깨달은 건 어느 정도 나이가 들었을 때였습

266

니다. 어린 날의 저를 돌아보며 '아, 그때 그렇게 생각할 수 있었던 것이 그래도 한자와 사자성어, 고사성어를 통해 쌓은 내면의 단단함에서 온 것이었겠다.' 하는 생각이 들었죠. 중학교 1~2학년 때로 기억합니다. 당시 제가 살던 집은 화장실이 밖에 있었고, 수세식도 아닌 재래식이었습니다. 작은방에서 형제들끼리 모여 자는 것은 당연했고, 수돗가 앞에는 큰 물통이 놓여 있어 겨울에는 얼음을 깨야 물을 쓸 수 있었습니다. 그 집에서 나고 자랐으니 저는 모든 집이 다 그런 줄 알았습니다. 그런데 중학교 때 여의도 아파트에 사는 친구 집에 갔다가 정말 엄청난 충격을 받았습니다. 세상에, 화장실이 집 안에 있는데 뜨거운 물도 나오는 게 아닙니까. 그때 받았던 문화 충격은 상당히 컸습니다. 그런데 그 집을 둘러보면서 제 마음에 이런 사자성어가 떠오르더군요.

'절차탁마(切磋琢磨), 절치부심(切齒腐心), 마부작침(磨斧作針).'

당시 한창 고사성어에 빠져 있었기에 자연스레 떠오른 것이었겠지만, 그 사자성어 세 개가 마음에 자칫 깃들 수도 있었을 상대적 박탈감을 막아주었다고 생각합니다. 어린 마음에 '와, 엄청 부럽다. 어떻게 이렇게 잘살지? 혹시 어디서 못된 일 해서 돈 번 거 아니야?' 등의 부정적인 생각을 충분히 할 수 있지 않겠습니까. 하지만 몇 년간 공부한 고사성어가 그 마음을 딱 막아 제 코어를 세워준 것이라 생각합니다. 그날 저는 집으로 돌아오면서 절차탁마, 절치부심, 마부작침의 마음을 되새겼습니다. '부모님 살아생전에 뜨거운 물 나오는 집에 살게 해드려야지. 저런 집에 꼭 살아야지.'라고 말입니다.

한자는 그 안에 다양한 뜻을 내포하고 있습니다. 제가 명상이나 자기 계발 등의 방법보다 굳이 한자 공부를 권하는 것도 이런 부분 때문입니다. 생각의 폭이 넓어지고 우리말의 이해가 빨라지게 되는 것도, 한자를 아느냐 모르느냐에 따라 달라집니다.

즉 내 생각 자체가 풍부해질 수 있습니다. 소위 언어의 응용력이 생기고, 상황에 대한 지침이 빠르게 떠오른다고 할까요? 어려움에 맞닥뜨렸을 때 아무것도 없이 막막한 사람과 그 상황에 맞는 사자성어를 하나라도 떠올리는 사람 중 누가 더 빠르게 대처할 수 있을까요? 수천 년의 지혜와 고전이 가진 진리를 품고 있는 네 글자를 떠올린 사람이 먼저 움직일 수 있겠지요. 먼저 움직인다는 것은 조직 생활에서 가장 필요한 요소인 스피드를 가졌다는 뜻입니다.

그래서 저는 혹시 지금부터 한자를 공부해도 괜찮은 건가 하는 망설임을 가지고 있는 모두에게 무조건, 지금 당장 시작하라고 합니다. 열 단어를 알게 되면 거기서 파생되는 스무 개의 문장을 알게 되는 것이 한자의 매력입니다. 그리고 이게 매일, 매주, 매달 쌓이면 1년 후의 나는 지금의 나와 다른 모습이 될 거라 생각합니다. 적어도 하루에 한 번 찾아오던 상대적 박탈감이 일주일에 한 번으로, 다시 세 달에 한 번으로 그 주기가 길어지는 경험이라도 하게 될 것입니다.

마음의 코어를 키우는 데는 제 경험상 한자 공부만 한 것이 없었습니다. 그 깊은 언어의 세계가 주는 다양함을 꼭 경험해보기를 바랍니다.

30

제대로 쉬어야
제대로 일한다, 전략적 휴식

제대로 휴식하는 법을 모르겠습니다.

일상에 잠시 점을 찍는 순간이 휴식입니다. 사실 이 질문에 대한 답을 하기에 저는 적절한 사람이 아닐 수 있습니다. 20대 때부터 지금까지 스스로 제대로 된 휴식을 가졌던 사람인지 의문이 들기 때문입니다. 그나마 휴식다운 휴식은 영국 생활 중 잠시 맞이했던 일상에서의 쉼이었으니까요. 그래도 제가 생각하는 휴식이 무엇인지에 대해 이야기해보려 합니다.

잘 쉬는 것도 자기 관리다

30대 말에 저는 가족과 함께 영국 주재원 생활을 시작했습니다. 그리고 영국에 가서야 비로소 제대로 된 휴식을 경험할 수 있었습니다. 해외 생활이 국내보다는 확실히 좀 덜 바쁜 것도 있었고, 손님이 올 때를 제외하면 가족들과 좀 더 많은 시간을 보낼 수 있는 환경이었으니까요.

한 달에 두세 번 정도의 짧은 출장과 외부 미팅을 제외하고 이 시기에는 그래도 일주일에 한두 번, 그리고 주말에는 가족들과 저녁 식사를 할 수 있었습니다. 주말 근교 나들이도 가능했고 가족들과 함께 시장을 다니는 것도 처음 해보았는데, 이 모두가 제게는 휴식이었습니다.

휴식을 뜻하는 'break'라는 영어 단어에는 일상에서 벗어나 다른 곳으로 생각과 몸을 옮긴다는 의미가 담겨 있습니다. 제게 일상은 직장 생활이었고, 가족과 함께하는 삶은 잠시 누리는 휴식이었던 셈입니다. 커가는 아이들과 시간을 보내고 정원에서 바비큐 파티를 하며 아내와 담소를 나누는 그 순간순간에서, 저는 비로소 휴식을 느끼고 경험했습니다.

여름휴가 때면 낯선 오른쪽 핸들 자동차를 몰고 유럽 대륙을 돌아다녔습니다. 스위스 고속도로 휴게소에서 라면을 끓여 먹으며 웃던 기억, 아이들과 봤던 다양한 유적과 풍경들…… 제게 가장 소중한 존재인 가족과 보내는 시간들이 얼마나 행복했는지 모릅니다. 이때 영국에서의 기억이 제게는 지금도 가장 즐거운 추억으로 남아 있습니다. 20~30대 때 갖지 못한 휴식의 시간을 몰아서 경험한 듯 했습니다.

사실 그 이전의 저에게는 휴식이 없었습니다. 기껏해야 며칠간의 여름휴가가 그나마 공식적으로 쉴 수 있는 때였죠. 하지만 마음의 여유가 없으니 그 시기에도 놀기보다는 일 생각을 하며 보내곤 했습니다.

당시는 주 5일 근무도 없을 때였고, 간혹 토요일은 물론 일요일에도 근무를 해야 했습니다. 2002년 금융권을 시작으로 확대된 주 5일 근무제가 정착하기 전까지는 그냥 매일매일이 일이었던 시기였습니다. 이후 30대에 들어 결혼을 하면서는, 그래도 휴식이라는 단어를 좀 생각하게 되었습니다. 적어도 주말에는 가족과 시간을 보내고자 노력했고, 저 스스로도 일과 삶에 대한 균형을 생각하기 시작했습니다. 하지만 주말에 본가나 처가를 방문하는 정도였지, 지금처럼 취미 생활이나 레저를 즐긴 것은 아니었습니다. 엄밀히 말하면 제대로 된 휴식은 아니었던 셈이지요.

그나마 휴식다운 휴식을 경험한 영국에서의 주재원 생활이 끝난 후, 저는 바로 한국에 돌아와 그 시간이 꿈이었던 듯 잊고 다시 일에 매진해야 하는 현실을 마주했습니다. 피처폰이 엄청나게 성장하던 시기였기에 '월화수목금금금'이라는 일정에 파묻힌 채 동료들과 일에 매달렸습니다. 영국에 가기 전 이미 경험했던 생활이고, 다시 한국으로 오면 이 생활을 해야 한다는 사실을 알았기에 처음에는 힘들지 않다고 생각했습니다. 했던 거고 각오했던 것이니까요.

하지만 제 몸은 그게 아니었던 모양입니다. 한국으로 돌아오고 나서 4개월 후, 결국 몸이 견디지 못해 쓰러졌고 왼쪽 귀의 청력을 잃었습니다. 그 후 저는 컨디션이 이상하면 일단 쉬었습니다. 오른쪽 귀의 청력까지 잃을 수는 없었으니까요.

건강의 중요함을 다시 깨달은 것은 2012년 부사장 때입니다. 당시 상사를 모시고 미국 서부 출장을 갔습니다. 막 피곤하지는 않다고 생각했는데, 알람도 듣지 못하고 자버린 겁니다. 처음 있는 일이었습니다. 게다가 안전 고리까지 꼼꼼하게 걸고 잠이 들어버려서, 호텔 경비들이 문을 해체하고 들어와야 했지요. 저는 그 소리조차 듣지 못하고 잠에 빠져 있었습니다. 일어나니 아침 10시 30분이더군요. 정말 기절할 것처럼 놀라서 주재원에게 연락했는데, 그의 심각한 표정과 부서진 문고리를 보고 '이거 뭔가 일이 있었구나.' 하는 생각에 등골이 서늘해졌습니다.

나중에 알고 보니 문을 해체해 들어와서 확인한 바, 제가 아무일 없이 세상 모르고 자고 있는 모습을 보고 상사가 그냥 자게 두라고 한 후 혼자 미팅을 가신 거였습니다. 죄송한 마음이나 창피한 기분보다 앞섰던 건 제 상태에 대한 두려움이었습니다. 알람 소리를 놓쳐본 적이 없고, 그렇게 정신을 놓고 잠들어본 적도 없었기에 이건 몸에서 주는 시그널이라는 생각을 놓을 수가 없었습니다.

이후 저는 계속되는 출장 일정 속에서 무리가 될 거 같으면 과감하게 쉬는 시간을 두었습니다. 그때는 숨 쉬는 상태로 발견되었지만, 그 이후에는 아닐 수 있다는 불안감에 스스로 조심하기 시작한 겁니다. 며칠씩 쉬지는 못해도 하루, 안 되면 반나절이라도 집에서 쉬는 시간을 가졌습니다. 수면의 질을 높이기 위해 병원에서 주기적으로 검사도 받기 시작했습니다. 큰 실수를 통해 돌아볼 계기를 마련한 셈입니다. 전략적 휴식의 필요성을 절감하기도 했고요. 잘 쉬는 것도 자기 관리라는 사실을 깨달은 겁니다.

진정한 휴식은, 몸과 마음을 모두 쉬게 하는 것

우리의 몸은 용수철과 같습니다. 용수철은 계속 잡아당기면 탄성을 잃어버려 본래의 모습으로 돌아가기 어렵습니다. 직장 내에서의 삶이건 밖에서의 삶이건 우리의 삶도 이와 같습니다. 끝없는 긴장과 스트레스가 이어지면, 탄성을 잃어버린 용수철처럼 본래의 모습을 회복하기가 어려워집니다. 사실 20~30대 때는 잘 모릅니다. 하지만 이때 내 몸에 쌓인 나쁜 것들은 40대가 지나 반드시 내게 '복수'합니다. 저는 청력을 잃고야 그 사실을 느꼈고, 잠에서 깨어나지 못한 경험을 통해 다시금 절실히 깨달았습니다.

그렇다고 과거의 열정과 노력을 후회하지는 않습니다. 그 시간이 지금의 저를 만든 것은 변함없는 사실이니까요. 그리고 그렇게 달릴 수밖에 없었던 데에는 시대적인 분위기와 환경도 분명 있었습니다. 그래서 그게 옳다, 지금도 그렇게 해야 한다고 말할 수 있는 것입니다. 그럼에도 불구하고 제 건강과 몸을 돌아보지 않았던 것은 후회합니다. 그래서 권하는 것입니다. 휴식을 제대로 취하라고 말입니다. 휴식은 오롯이 나를 위한 것임을 잊지 말기 바랍니다.

그리고 또 한 가지, 휴식은 단순히 몸을 쉬게 하는 것이 아니라 마음까지 쉬게 하는 것이라는 사실을 강조하고 싶습니다. 마음에 여유가 없으면 행동도 작아집니다. 누차 강조하지만 회사 내에서 일할 때 인사이트를 주는 선배, 궂은일을 마다하지 않고 솔선수범하는 선배, 늘 생각과 행동, 그리고 말이 일치하는 선배, 위에는 당당하지만 아래는 따뜻하게 감싸주는 선배, 늘 생각하고 고민하면서 후배들이 어려워하고 힘들어하는 상황을 슬기롭게 풀어주는 선배는 존경받을 수 있습니다. 이런 배려와 솔선수범은 모두 마음의 여유에서 나오는 것이기에, 마음의 휴식을 강조하는 것입니다.

리더가 이렇게 희생하고 솔선수범하는 모습을 지속적으로 보이면, 조직원들과의 신뢰가 자연스럽게 쌓입니다. 이는 구성원들의 자발적이고 능동적인 '몰입'으로 이어지게 되어 있고요. 대리에서부터 사장까지, 리더로 일해온 제 경험을 토대로 보면 솔선수범과 신뢰 구축은 모든 성과의 원동력이었고, 이것이 구성원들의 몰입으로 연결될 수 있었다고 조심스럽게 이야기해봅니다.

31

성공의 자격,
자기 검증의 의미

성공을 위해 주변의 희생을 요구해도 되는 걸까요?

희생은 모든 인간사에서 어쩔 수 없이 발생할 수밖에 없습니다. 하지만 희생은 미필적으로 또는 결과적으로 발생하는 것이지, 누군가의 성공을 위해 강요가 되어서는 안 됩니다. 그럼에도 불구하고 불가피하게 희생이 발생할 때가 있습니다. 그래서 그 희생을 알고 감사하는 태도가 중요합니다.

선배가 부족하면, 후배가 희생한다

몇 개월 전의 일입니다. 우연히 조카와 대화를 하다가 깜짝 놀 랄 얘기를 하나 들었습니다. 2000년 돌아가신 아버지에 대한 얘기 였습니다. 아버지는 제가 영국 주재원으로 파견을 떠나기 전에 세상 을 떠나셨습니다. 당시 가족들이 돌아가며 병원에서 간병을 했는데 아마 조카가 잠시 따라갔던 모양입니다. 그때 아버지께서 조카에게 이런 말씀을 하셨다네요.

"우리 집에서는 앞으로 아파트 통반장도 하면 안 돼. 너희 작은 아버지가 큰일을 할 테니까 다들 매사 조심해야 한다."

당시 대학교 2학년이었던 조카는 할아버지가 신신당부하셔서 고스란히 기억하고 있었답니다. 그리고 20년이 훌쩍 지난 후에야 제 게 이야기를 해주었습니다. 조카는 '아, 작은아버지가 높은 자리까 지 올라갈 테니 구설수 생길 일은 절대 만들지 말라는 말씀이구나.' 라고 이해를 했다 했습니다. 그리고 할아버지 말씀을 기억하고는 이 후로 가장 친한 친구에게조차 "작은아버지가 삼성에 있다, 누구다." 라는 얘기를 한 적이 없다는 말도 하더군요. 처음 듣는 얘기였습니 다. 저를 위해 가족들이 희생해왔음을 뒤늦게야 알게 된 것이지요.

사실 희생은 사전적으로 말하면 어떤 사물, 사람을 위해서 자 신의 목숨, 재산, 명예 등을 바치거나 버리는 것을 의미합니다. 그래서 직장 생활에 그대로 투영해서 설명하기에는 다소 부담이 있습니다. 그럼에도 몇 가지 예를 들어 이야기해보자면 이렇습니다.

조직 내에서 가장 흔하게 볼 수 있는 희생의 형태는 아마 쓸데없이 반복되는 보고서 수정이 아닐까 싶습니다. 보고는 상사나 선배가 하더라도 그 자료를 만들고 다듬는 것은 보통 후배들, 주니어들이 합니다. 이때 경험과 연륜이 있고 후배를 배려하는 선배들은 후배들이 만든 보고서에 대한 수정을 많이 하지 않습니다. 그런데 가끔 실무자를 완전히 녹초가 되게끔 하는 상사들이 있습니다. 큰 문제가 아닌 것도 몇 번씩 고치게 하고, 자기 마음이 바뀌는 대로 흐름도 이랬다저랬다 하고, 수정에 수정을 요구하다가 결국 처음으로 돌아가는 경우도 비일비재합니다.

저는 이런 경우를 실무자 시절에 너무 많이 겪었습니다. 그래서 제가 선배, 상사가 되어가면서는 이를 철저하게 금지시켰습니다. 보고서를 만드는 것 자체는 문제라고 생각하지 않습니다. 회사라는 곳이 보고서로 대화하고, 이를 근거로 의사 결정을 하는 구조이니까요. 문제는 상사나 선배가 올바로 이끌지 못할 때입니다. 상사가 큰 줄거리를 잡고 방향성을 확고히 하고 나면 여기에 빈 부분, 데이터로 채워야 하는 부분을 실무자가 해야 하는 것입니다. 그런데 말 몇 마디 훅 던지고 알아서 하라고 하니 수정에 수정을 더할 수밖에요.

결국 제대로 된 지시 사항 없이 후배들의 시간을 희생시키고,

그들의 노력을 허무하게 만들며 허탈감을 주게 됩니다. 의도했건 아니건 희생이 강요되는 것이지요. 모두에게 시간은 똑같이 24시간입니다. 왜 내가 그들의 시간을 희생시켜야 합니까. 그 어떤 경우라도 희생은 요구해서도 안 되고, 강요해서도 안 되는 것입니다.

혹여 누군가의 희생을 발판으로 성공한다면 그것은 진정한 성공도 아니고 쉽사리 무너질 것입니다. 제대로 된 성공은 제대로 된 과정을 거쳐야 하는 법이며, 그런 점에서 끝없는 자기 검증이 필요합니다.

희생은 요구도, 강요도 할 수 없다

물론 저 역시도 의도하지는 않았으나 후배들을 희생시킨 적이 있음을 고백합니다. 변명을 더하자면 제가 놀면서 희생하게끔 만들지는 않았다는 것이지만, 그럼에도 불구하고 희생은 희생이지요. 전무 시절부터 사장 시절까지 제 회사 생활은 거의 해외 출장이었습니다. 연간 170~180일가량 출장을 갔으니 국내보다 해외에서 더 많은 시간을 보낸 셈입니다. 휴대폰 사업의 경우 해외 매출이 90퍼센트가 넘었으니 어찌 보면 당연한 일이었습니다.

하지만 해외 출장이 많다고 해서 국내에 일이 없는 것이 아닌

만큼, 제가 자리를 비운 동안 누군가는 국내에 남아 있는 제 일을 처리해주어야 했습니다. 물론 출장 기간에도 전화나 이메일로 소통하면서 일 처리를 하기는 했습니다. 그럼에도 중요한 회의 같은 경우 저를 대신해서 후배들이 참석해야 했지요. 다들 10년 넘게 저와 함께 일했던지라 누구보다 저를 잘 아는 사람들이었고, 그 덕에 저는 안심하고 맡길 수 있었습니다. 또 그들은 묵묵히 희생하며 제 일을 맡아주었습니다.

당시에는 '내가 없으면 더 배우고 성장할 거야!'라는 자기 위안을 하며 미안함을 감추기도 했습니다. 하지만 그때도 지금도 압니다. 희생은 포장을 해도 희생이라는 사실을요. 선배의 잦은 부재로 인한 업무 분담이 분명 그들에게는 부담이었을 것입니다. 이 지면을 빌려 모든 후배들, 특히 현재 부사장으로 열심히 일하고 있는 C에게 감사와 미안함을 꼭 전하고 싶은 마음입니다.

조직 내에서 발생하는 희생들은 선배나 상사의 선에서 일부 막을 수 있는 경우가 많습니다. 프로세스 부분에서 희생이 발생한다면 개선하면 되고, 누군가에게 불편함이 몰려 있는 것이라면 분담하면 됩니다. 여기서 중요한 것은 희생이 발생할 수밖에 없는 필수 불가결한 상황에서도, 강제적으로 누군가에게 그것을 강요해서는 안 된다는 것입니다. 특히 내가 잘되기 위한 희생의 강요는 절대, 절대 안 됩니다.

회사 일은 아무리 본인이 특출나게 튀어 보이고 싶어도 결국 함께해야 합니다. 협력 없이는 지속성도 가질 수 없고, 완성도도 기대하기 어렵습니다. 독불장군처럼 일하는 사람들의 특징 중 하나는 협업 안에서 알게 모르게 희생한 사람들의 노고를 전혀 인정하지 않는다는 것입니다. 본인이 잘 모르는 경우도 많습니다. 그렇다고 누가 말해주지도 않습니다. 그저 나쁜 평판이 사내외에 퍼질 뿐입니다.

조직 생활이 이래서 어렵습니다. 내가 의도치 않게 희생을 강요하는 사람이 되어도 그걸 알 수 없습니다. 결국 끊임없이 자기 검증을 하는 것밖에는 답이 없습니다. 벼는 익을수록 고개를 숙입니다. 내가 누군가의 희생을 무시하고, 다른 사람을 밟고 올라가는 사람이 되지 않기 위해서는 익은 벼가 되어야 합니다. 나 혼자가 아닌 다른 사람이 함께했다는 겸손함을 마음에 지니면, 적어도 남의 피눈물을 무시하고 달려나가는 무뢰한은 되지 않을 수 있습니다.

가족이라는 힘

과거 저를 위해 희생해준 것은 후배들뿐만이 아닙니다. 어쩌면 가족들은 더 묵묵하게 저를 기다려주고 희생해준 사람들일 것입니다. 특히 아내는 제가 2006년 한국으로 귀임 후 근 15년의 시간 동안, 1년의 절반 가까이를 해외 출장으로 보내는 제게 양가 어르신들이 편찮으신 것 외에는 한 번도 전화한 적이 없습니다. 어른들이 편찮으신 것 말고도 가정에 얼마나 많은 일이 있겠습니까. 그 속사정을 전혀 모른 채 일에 매진할 수 있게 해준 건 전적으로 아내의 희생이라고 생각합니다. 아마 그 희생이 없었다면 저는 그렇게 해외 출장을 다니지 못했을 겁니다. 이제는 현직에서 물러나 가족들과 좀 더 많은 시간을 보내려고 노력하지만, 그 노력이 당시의 희생을 다 보상하지는 못할 거라 생각합니다. 이 가족이라는 힘에 대해서는 뒤에서 바로 이어 이야기하겠습니다.

32

가족이라는 짐
혹은 힘

가족은 힘일까요, 짐일까요?

가족이 짐이라는 건 제가 생각해보지 않았던 범주이기에, 섣부르게 짐이라고 대답할 수도 힘이라고 주장할 수도 없습니다. 다만 제 경험을 이야기할 수밖에 없는 점에 대해 양해를 부탁합니다.

짐이냐 힘이냐의 본질

가족은 가정을 이루는 구성원을 말합니다. 결혼을 한 사람이건 아직 미혼인 사람이건 모두 가족이 있고 가정이 있습니다. 혼자 살더라도 1인 가구, 1인 가정이라고 하는 만큼 우리는 모두 '가정' 안에서 생활합니다. 가족으로 구성된 가정은 누군가의 정신적 안식처가 되어야 하고, 삶의 에너지를 더해주는 원천으로 존재해야 합니다. 즉 '힘'이 되어주어야 하는 것입니다. 단지 그 가정에 속해 있는 일부 구성원이 간혹 힘이 아닌 짐이 되는 경우가 있어서, 아마 '가족은 힘일지, 짐일지'에 대한 질문이 나온 것이 아닐까 생각합니다.

가족과 가정에 대한 범위와 정의를 얘기했으니 그렇다면 '짐'에 대해서도 한번 생각해보면 어떨까요? 대체 무엇 때문에 귀하고 소중한 가족이 짐이 되어버리는 것인지 말입니다. 아마도 두 가지 정도로 나눌 수 있을 것입니다. 하나는 정서적인 것이고 다른 하나는 물질적인 것이겠지요. 우리 주변에서 부모님이 물려주신 유산을 가지고 송사에 휘말려 등지는 가족들을 종종 볼 수 있습니다. 감정싸움을 통해 마음에 상처를 입고, 남보다 못한 사이로 지내는 사람들도 있습니다. 모두 안타까운 일입니다.

제 경우는 부모님으로부터 물질적 유산을 받은 것은 없었지만 정신적으로는 풍부하게 넘치는 재산을 받았습니다. 아버지는 근면 성실함을 주셨고, 어머니는 지혜와 배려를 넉넉히 물려주셨습니다. 혹 나중에라도 부모님을 다른 세상에서 만나게 되면 꼭 듣고 싶은 말이 "우리 막내 애썼네! 잘 살았어! 대견해!"라는 말입니다. 어쩌면 매사 나의 최선이 무엇인가를 고민하는 것은 훗날 이런 얘기를 듣고 싶은 욕심이 있어서일지도 모르겠습니다.

저는 후배들이 가족이 짐인지 힘인지에 대한 질문을 할 때 구체적으로 왜냐고 묻지 않았습니다. 가족이 짐이라는 건 제가 생각해보지 않았던 범주이기에, 섣부르게 짐이라고 대답할 수도 힘이라고 주장할 수도 없었으니까요. 다만 각자가 겪고 있는 개인 사정이 있고, 정서적인 부분보다는 물질적인 부분에서 부담이 커서 그런 생각을 하겠거니 짐작할 뿐이었습니다. 그런데 이런 얘기를 여러 번 듣다 보니 이 질문을 곰곰이 생각해보게 되었습니다.

'나는 짐이라고 생각한 적이 있었나?'

한 점의 의심과 거짓 없이 깊은 생각을 한 결과, 제가 내린 결론은 이거였습니다. 혹 남들은 짐이라고 생각할 만한 상황이었을 수 있지만, 난 그걸 짐이 아닌 단련의 무게라고 생각했었다는 것입니다. 이는 제가 남들보다 너른 마음, 뛰어난 인격을 가져서가 결코 아닙니다. 제가 자라온 가정환경에서 가족은 함께해야 하고, 서로를 챙겨야 한다는 가르침에 의한 자연스러운 의식의 흐름이었습니다. 어렵고 불편한 현실이지만, 저는 그 현실을 운동선수가 자신을 단련하기 위해 몸에 매달고 뛰는 모래주머니로 생각했습니다. 어렵고 불편한 현실은 사람을 담금질하고 그릇의 크기를 조금씩 키워줍니다. 즉 짐이냐 힘이냐는 그 상황을 내가 어떻게 받아들이고 극복하는지에 달려 있는 것입니다. 적어도 저의 경우는 그러했다는 것입니다.

내가 기댈 수 있는 곳이 있는가

영국에서 연수를 끝내고 막 귀국했을 때의 일입니다. 신입 사원 때보다는 집안 사정도 좋아지고 벌이도 나아졌을지 모르지만, 1993년에는 과장 2~3년 차였을 때니 여전히 넉넉하지는 않았던 시기입니다. 고되게 버스를 타고 출퇴근을 하며 정신없이 일하던 때였는데 어느 날 셋째 형이 연락해서 "퇴근하고 어디로 와라!"라고 하는 겁니다. 왜 오라는 줄도 모르고 갔더니 형이 무심히 차 열쇠를 하나 주면서 이러는 게 아닙니까.

"삼성 과장인데, 그래도 승용차 한 대는 있어야지!"

당시 형은 경제적으로 좀 여유가 있는 상태였고, 동생인 제가 차 살 여유가 없음을 알고 중고차를 한 대 준비해놓았던 것입니다. 지금은 상황이 조금 역전되어 셋째 형을 간혹 챙기고 있지만, 이를 당연하게 할 수 있는 이유 중 하나는 그때 그 차를 받았을 때의 감동이 늘 제 안에 자리 잡고 있기 때문이 아닌가 싶습니다. 이런 이야기를 식구들끼리 하면 늘 "셋째가 긴 안목으로 제대로 투자했어."라며 웃곤 합니다. 그리고 그 이야기 끝에는 일찍 돌아가신 아버지와 몇 년 전 돌아가신 어머니에 대한 그리움과 감사가 이어집니다.

76세의 연세로 2000년에 돌아가신 아버지와 91세까지 비교적 장수하신 어머니는 지금도 제게 있어 가장 큰 기댈 곳입니다. 참으로 감사하게 생각하는 부분은 어머니가 제가 사장이 되고 대표이사가 되는 것을 다 보시고 돌아가셨다는 겁니다. 생전에 늘 말씀하셨던 "열 자식 중 하나만 잘되면 된다."라는 말을 실천하고 사는 모습을 보여드릴 수 있어서 정말 다행이라 생각합니다. 어머니의 노후와 그런 어머니를 모시고 살았던 작은누나를 함께 챙길 수 있는 것도, 그런 제게 고맙다 하는 형들에게 "누구 하나라도 할 수 있으니 다행입니다. 우리 식구들은 상황이 되면 누구라도 이렇게 했을 거예요."라고 말할 수 있는 것도, 어렸을 때부터 부모님께 배우고 가족 안에서 많은 것을 이겨냈던 기억 덕분입니다.

사실 사람에 따라서 가족의 상황과 형편이 자기 발목을 잡는 족쇄라고 충분히 생각할 수 있습니다. 그리고 정말로 그런 경우도 있기는 합니다. 하지만 그럼에도 불구하고 가족은 가족입니다. 내게 달라붙은 모래주머니가 나를 단련시킬 것인지, 수렁으로 끌고 들어갈 것인지는 일차적으로 내 마음이 결정합니다. 시간은 흘러가게 되어 있고 상황은 바뀌기 마련입니다. 그래서 긴 안목과 호흡을 가지는 것이 중요합니다. 오늘의 짐이 내일의 힘이 될 수 있다는 것을 믿어보면 어떨까요? 물론 이 역시 강요할 수는 없는 부분입니다. 혹시나 마음가짐을 바꾸는 것만으로 가족에 대한 관점이 바뀔 수 있는 경우라면, 그리 생각했으면 하는 바람일 뿐입니다.

이 세상에 영원한 내 편은 결국 가족뿐인 경우가 많습니다. 내가 부족하거나 실수를 해도, 문제가 있거나 실패를 해도 가족은 내 편이 될 수 있기 때문입니다. 경제적인 도움을 주고받는 것을 떠나 정신적인 안정은 가족에서부터 옵니다. 가족이 내게 그런 존재가 될 수 있으려면, 나 역시 가족에게 그런 존재가 되어주어야 합니다. 그래서 저는 가족은 힘이라 말합니다. 제 가족은 제 힘입니다.

33

열 개의 질문,
열 개의 답

가슴에 반드시 새겨야 할 조언이 있을까요?

비석에 새기는 기분으로 겸허하게 말합니다. 저는 후배들에게 정말 많은 질문을 받았습니다. 한편으로는 제가 대답을 해줄 수 있는 대상이라는 사실이 감사했고, 한편으로는 질문하는 후배들이 부러웠습니다. 질문할 수 있는 용기와 패기, 그리고 열정이 있는 당신들을 진심으로 응원하는 마음을 가지고 답합니다.

일로 성공하고픈 당신에게 전하는 열 개의 이야기

다양한 질문에 대해 제 경험을 토대로 나름 충분히 답했다고 생각하지만, 마지막으로 핵심을 정리해봅니다.

첫째, 시간 관리를 철저히 하기 바랍니다.

인간은 누구나 똑같이 24시간을 삽니다. 일찍 일어나 하루를 준비하고, 출근 후에는 전날 정리해둔 투 두 리스트를 보면서 계획적으로 움직여보세요. 이러한 일상이 쌓여 몇 달, 몇 년이 지나면 본인도 모르게 성과가 나옵니다. 우수 인력이 되는 것이지요.

또한 실무자에게 가장 중요한 스피드를 반드시 염두에 두길 바랍니다. 일의 질과 양은 동료와 선후배의 도움으로 보완할 수 있지만, 스피드가 느려 타이밍을 놓치는 것은 전적으로 내 잘못입니다. 스피드에 집중하면서 일의 양을 늘리고 질을 높이는 노력을 하다 보면, 어느새 두 마리 토끼를 다 잡을 수 있게 됩니다.

둘째, 검소하게 생활하고 반드시 저축을 하기 바랍니다.

개인에 따라 차이는 있겠지만 20대 때 검소한 생활을 하지 않고, 저축의 습관을 들이지 않으면 경제에 대한 개념이 흐려지게 됩니다. 혹여 지금도 부모님의 도움을 받으면서 생활한다면 이 역시 과감하게 놓을 수 있어야 합니다. 지금이 아닌 50세 이후를 생각하면서, 오늘의 편안함이 지속될 수 있는지 아니면 훗날 족쇄가 되진 않을지 잘 생각해야 합니다. 소득 범위 내에서 절약하며 검소하게 생활하는 것은 40~50대 이후 경제적 안정을 위한 필수 과정입니다.

셋째, 수입의 10퍼센트는 자신의 건강에 투자하길 바랍니다.

급여는 여러분이 일한 대가이자 내 몸, 내 두뇌를 사용하면서 발생하는 감가상각에 대한 보수이기도 합니다. 그래서 나의 육체와 정신을 건강하게 유지하고 발전시키는 데 재투자해야 합니다. 때로는 휴식을 통해 재충전의 시간을 충분히 가져야 하고 필요하면 의학적인 조치도 취해야 합니다. 제가 저질렀던 실수를 여러분은 부디 하지 않기를 바랍니다.

넷째, 전문성을 심화하고 어학 능력을 키우십시오.

전문성은 직장인의 기본이고, 탁월한 어학 능력은 나와 다른 사람들의 차별점을 만들어주는 포인트가 됩니다. 특히 어학 능력은 지치지 말고 꾸준히 노력해야 하는 부분입니다. 이것은 내 주머니 속 복리 이자가 붙는 수표임을 잊지 말기 바랍니다. 전문성과 어학 능력만 잘 갖추어도 객석에 앉아 박수 치는 사람이 아닌, 무대 중앙에서 스포트라이트를 받는 사람이 될 수 있습니다. 믿고 실천해보길 바랍니다.

다섯째, 30대, 40대, 50대 때 어떤 모습이 되고 싶은지 반드시 기록하고 실천한 후 스스로 연말 평가를 하길 바랍니다.

제가 그렸던 인생 그래프를 여러분도 꼭 그려보았으면 좋겠습니다. 무엇을 할지 구체적으로 적어보는 것만으로도 이미 실천이 시작된 셈입니다. 머릿속으로 생각만 해봐야 소용없습니다. 스스로 중요하다고 생각하는 KSF(key success factor)를 정의하고 실천을 위한 세부 계획을 세워야 합니다. 그리고 각 항목의 일정과 실천 여부를 계속 체크하고 보완하는 겁니다. 2개월, 3개월, 2년, 3년이 쌓여갈수록 내공이 늘고 여러분은 강하고 능력 있는 사람이 되어갈 것입니다.

여섯째, 독서를 게을리하지 말고 타 분야에 대한 관심을 잃지 마세요.

자기 업무가 아닌 분야의 책도 꼭 읽어야 합니다. 앞에서 말했던 것처럼 엔지니어라면 인문학, 역사에 관심을 가지고 다른 분야의 사람들은 기술사에 관련된 서적을 읽어보기를 권합니다. 지식의 범위가 커질수록 대화의 범위와 발휘할 수 있는 창의력의 폭이 넓어집니다.

역사서 독서를 강조하는 이유는 이를 통해 시대의 흐름을 읽을 수 있기 때문입니다. 역사는 원인과 결과를 통해 내가 오늘 무엇을 경계해야 할지 알게 해줍니다. 누군가의 조언 없이도 역사에 관심을 가졌던 젊은 시절의 제가 지금도 기특합니다. 제가 했던 선택 중 가장 좋은 선택 안에 들어가는 건 바로 역사에 대한 관심과 공부였습니다.

일곱째, 건강한 가족과 화목한 가정을 위해 노력하세요.

사실 이 사항은 저조차도 몹시 늦게 깨닫고 노력한 것입니다. 그만큼 후회가 남아 후배들에게는 미리 챙기라고 권하고 싶은 사항이기도 합니다. 오랜 시간 아이들과 가족을 챙기는 것은 아내의 몫이었습니다. 50세가 지나면 경제적으로 걱정할 일이 없게 만들겠다는 약속을 지키고자 일에만 매달렸기 때문에, 아이들의 성장 기간 동안 저는 최고의 아빠는 아니었습니다. 그럼에도 불구하고 아이들과 좋은 관계를 유지할 수 있었던 것, 지금 가정에서 안정을 찾을 수 있는 환경을 만들어준 것은 전적으로 아내의 공입니다. 지금은 가족과 함께하는 시간을 최대한 많이 가지려고 노력합니다. 해외에 있는 아이들과의 화상 통화는 요즘 저의 최대 에너지원입니다. 아무리 밖에서 일을 잘해도 가정이 평화롭지 않으면 결국 삶은 완성되지 않습니다.

여덟째, 국내에 안주하지 말고 언제든 해외에서 생활해보길 바랍니다.

사실 회사를 통해 해외에 나갈 기회를 얻을 수 있는 사람은 많지 않습니다. 유학이나 해외 취업이 쉬운 것도 결코 아님을 알고 있습니다. 그럼에도 불구하고 최대한 기회를 마련해서 1년 정도는 해외 생활을 해보기를 강력하게 추천합니다. 우물 안 개구리였던 자신을 발견하는 가장 빠른 방법입니다. 현실에 안주하면 한정된 시각과 편협한 사고를 가지게 될 수밖에 없습니다. 한국은 좁은 곳입니다. 지구촌이라는 단어도 이미 너무 식상합니다. 연못에 가두어 키우는 잉어는 딱 그 연못에 알맞은 크기로만 자랍니다. 훨씬 더 크게 자랄 수 있음에도 거기까지만 자라고 맙니다. 세상 이치가 그렇습니다. 완전히 다른 문화와 언어, 환경에 자신을 던져보세요. 반드시 남는 것이 있고 인생에 도움이 됩니다.

아홉째, 어려운 사람과 부족한 사람을 챙기고 후배를 아껴야 합니다.

나보다 부족하거나 어려운 사람을 조금이나마 챙기려는 마음과 습관을 사회 초년생 시절부터 가져야 합니다. 당장은 힘들다면 언젠가는 꼭 하겠다는 마음만이어도 좋습니다. 한국이어도 좋고 세계 곳곳의 저개발국이어도 좋습니다. 재산은 머무는 것이 아니라 흘러가는 것임을 알아야 합니다.

또 후배로 시작하지만 언젠가는 선배가 되는 게 순리이기에, 그 후배들에게 내가 무엇을 해줄 수 있을지도 늘 염두에 두어야 합니다. 내가 후배 시절 원했던 선배의 모습으로 후배에게 다가가길 바랍니다.

열째, 인생은 한 번입니다. 자존감 있는 멋진 삶을 사십시오.

자존감은 개인의 품격 또는 자기 스스로를 존중하는 마음입니다. 혹 지금은 실수가 잦더라도 상관없습니다. 그 실수를 통해서 배우면 됩니다. 그렇다면 실수는 성장과 발전의 동력으로 거듭나게 됩니다. 남과 비교하는 과정에서는 자존감이 생기지 않습니다. 개인의 고민과 고뇌, 사유를 통해서만 자존감은 형성되고 길러집니다. 독서, 좋은 사람들과의 교제를 통해 배우고 익히는 것이 20~30대가 진정한 자존감을 키우기 위해 해야 할 일입니다. 누가 주지 않습니다. 반드시 자기가 키워야 함을 잊지 마세요.

인생은 한 번뿐입니다. 많은 철학자들이 인용하는 말이 있지요. 메멘토 모리(memento mori), 죽음을 기억하라는 말입니다. 인간의 삶은 유한하기 때문에 가치가 있습니다. 그 유한한 삶을 제대로 한번 살아봐야 하지 않겠습니까.

직장인이 되어 바쁘게 돌아가는 환경에 휘말려 살 수도 있습니다. 그렇지만 적어도 1년에 한 번은 스스로를 되돌아보면서 연말에 세운 목표를 달성했는지, 스스로 성장하고 있는지를 살펴보고 더 멋지게 살기 위한 계획도 수립하기 바랍니다. 때로는 잘 안 풀리고 해놓은 것이 없어 슬퍼질 수도 있지만 어쩌겠습니까, 그게 인생입니다. 다만 그것 또한 과정이라 생각하고 다시금 각오를 다져 나아가는 것이지요. 저는 그렇게 성장하는 거라 믿고 있습니다.

43. 후속 청춘生들이 가슴에 새길 말들이 있으면 알려주십시오.

□ 20 中後半 의 여러분들은 무엇이든지 할수 있는 젊음을 어─
패기 그리고 열정을 가지고 있습니다. 한편 부럽기도 하지만
제가 다시 그 나이로 돌아가면 과거에 제가 했던 그런 노력을
다시 할수 있을까? 생각하면 쉽게 答을 하기가 어렵습니다.
앞에서 많은 질문에 대한 答을 하면서 했던 이야기가
중복될 수도 있겠으나 최종적으로 정리해 보는 마음으로
이 편을 써보고자 합니다.

① 아침에 일찍 일어나고 時間管理를 철저히 하십시오.
- 시간에게 주어진 하루는 누구나 24 時間입니다.
일찍 일어나 하루를 준비하고 출근을 하면서 하루는
그 전날 정리해 놓은 To Do List 에 의하여 차분하게
움직여 보세요. 이러한 日常이 쌓이게 되면 몇달
몇년이 지나 本人도 모르게 成果가 나오고 우수인력으로
평가 받을 것 입니다. 또한 實務者 때에는 가장
중요한것이 SPEED 입니다. Quality도 당연히 중요하지만
後續 靑年生 때에는 SPEED가 우선입니다. 즉 신속히
일을 처리하여야 합니다. Quality는 선배가 봐 줄수도
있고 이를 반복하다 보면 나중의 Quality도 잡을 수 있습니다.

② 검소하게 生活하고 반드시 저축을 하십시오.
- 個人의 환경에 따라서 차이는 있겠으나 20代 때
검소한 生活을 하지 않으면 그리고 저축을 하지 못하면
經濟에 대한 개념을 똑 바로 세울수 없습니다. 혹여
부모님의 도움을 지금도 받고 生活하는 사람들이 있다면
이를 물리칠 수 있어야 합니다. 여러분이 50이 되
어떤 모습으로 살고 싶으신지요? 내가 체통을 내고 월지음는

금전적 혜택을 받고 원한다면 오늘은 편할수 있어도
오랜 시간이 지나면 그것은 여러분들의 시야를 흐리게
혹은 안보이게 만들 수 있습니다. 여러분의 소득 범위
내에서 적약하고 검소하게 젊은 시절을 보내면서
저축을 해야만 40代 50代 中老年 經濟的 기반을
마련 할 수 있습니다.

③ 給與의 10%는 個人의 육체적, 정신적 健康에 투자하세요.
 - 職場人의 給與는 여러분들이 일하는 댓가이자
   내 몸을 ~~그리고~~ 그리고 내 두뇌를 使用하는데 발생하는
   감가 상각에 대한 代수이기도 합니다. 당연히
   再投資를 通하여 나의 肉体를 늘 강건하게 하고
   내 두뇌는 늘 發展하고 때로는 쉬게 함으로써
   再充電의 時間을 가져야 합니다. 기계도 그렇지만
   몸과 두뇌를 계속 쓰기만 하면 고장이 나게 됩니다.
   기계는 수리가 쉽지만 人間의 몸과 두뇌는 이상이
   생기면 쉽게 회복되지 않습니다. 세가 어떻게
   하였는지는 xx 論을 참고 하십시오.

④ 個人의 專門性을 深化하고 특별한 語學을 武器로 가지십시오.
 - 專門性은 基本 이며 특별한 語學능력은 個人을 다른
   사람들과 差別化 할수 있는 특별 Menu가 됩니다.
   따라서 專門性을 깊게 가져 가면서 年次가 쌓일 수록
   그 幅도 주변으로 넓게 가져가야 합니다. 語學능력은
   내 주머니에 늘 들어있는 자기앞 수표입니다. 언제 어디서
   쓸수있소 쓰면 쓸 수록 利子가 붙습니다. 年次가
   쌓이면 더 큰일을 하는 법, 組織에서 반드시 Call을
   할것입니다. 연극 객석에 앉아 있다가 ~ 무대위로 올라가는 것이지요.
   서로 믿어도 됩니다. 즉 실천하십시오.

⑤ 30代. 40代. 50代 어떤 모습이 되고 싶은지 반드시
글記錄을 해 보시고 이를 實踐하고 每年末 평가를 하세요.

- XX編에서 강조 했스 제 경우 어떻게 했는지를 말씀
드린 바 있습니다. 3年. 5年. 10年. 15年 뒤 미래까지
를 포함하는 Roadmap을 스스로 직접 써 보시고
이를 달성하기 위해서 오늘, 이번주 이번달 그리고
올해 말에 무엇이 되어야 할지를 구체적으로 직접
써 보시고 이를 실천 해보시기 바랍니다. 써 보지않고
그저 생각은 하면 안됩니다. 스스로 중요하다고
생각하는 KSF (Key Success Factor)를 정의 하고
이를 실천하기 위하는 세부 項目을 써 보고 各 세부항목
을 일주일단위 즉 어제 했는지를 그려보고 내가 실제하는지
적어르 칙간 단위로 체크를 하고 보완을 해 나가십시오.
두세달 이를 실천하면 不足 한 것도 생겼지만 반드시
차츰차츰 늘어감을 알것입니다. 이렇게 쌓아 나가는
내용은 여러분들을 강한 사람으로 만들어 줄것입니다.

⑥ 讀書를 게을리 하지말고 人文分野에 觀心을 잃지 마세요.

- 엔지니어로 들어온 사람은 人文學. 歷史 에 觀心을 가지고
어떤 冊이든지 틈틈이 읽도록 하십시오、非 엔지니어 入社者들은
技術의 Trend를 읽을 수 있도록 技術의 發展과 관련 된
主題의 冊을 보십시오、돈에만 빠져 주배들라 식사
시간에 모두 회식자리에서 일만을 이야기 하는 先輩가
있다면 여러분들은 존경이 갑니까? 그러되면 안됩니다.
늘 머리 한편에는 내 일과 상관없는 동떨어진 영역을
넘나들 수 있어야 좋을 가질 수 있습니다.

또한 丁史를 通해서 時代의 흐름을 읽을 수 있어야
합니다. 반드시 그렇지는 않겠지만 丁史의 흐름은
반드시 再現됩니다. 제 경우에 丁史에 늘 關心을
가졌던 젊은시절이 생각 할수록 기특합니다. 저는
누가 이야기 해준 사람이 없었습니다.

⑦ 健康한 家族과 和睦한 家庭을 만들도록 努力하세요.

· 저 자신도 이 項目은 뒤늦게 努力을 했음을 고백합니다.
아이들 그리고 家庭은 늘 짐사랑 뒤이었습니다. 짐사랑과
했던 약속 즉 50 넘어서 經濟的 安定을 이루겠다는
이유로 저는 아이들이 어렸을때 최고의 아빠는 아니었습니다.
그런대로 잘 커준 아이들이 고마웠고 제가 50이 되고
나서는 건강한 가족, 화목한 가정이 되도록 뒤늦게노력
했습니다. 그런의로 여러분들에게 이야기 늘 하는것은
家族과 家庭이 얼마나 소중하고 個人의 삶에 얼마나
큰 것인지를 말씀드리고 싶은 것입니다. 저는 운좋게
英國 주재원 生活을 하면서 가족들과 人生에서 최고의
시간을 함께 했던 기억이 남아 있습니다. 또 그래 분위기에
다시 한국으로 돌아와서는 짐 사랑과 그렇게 역할을 나누게
된것이지요. 이제는 근무환경이나 여건이 많이 좋아졌기에
제 世代와 같은 경우는 많이 없을 것으로 생각합니다.

· 저는 요즘 최소의 에너지 원이자 원동력은 저의 아내와
아이들 입니다. 海外에 있는 아이들과 3층 화상통화를
하면서 곁에 있는것과 같이 이야기 나누고 하는 이 시간이
너무도 기쁘고 좋으며 짐사랑에게 아이들에게 또한 근안을
듣고 있습니다.

⑧ 國內에 안주하지 말고 언제고 그냥外에서 生活을 해 보십시오.

- 業種의 生活上 그냥外에 눈을 돌린 이유가 없는 사람들이
  더 많습니다. 저는 入社까지 別이라도 고琁학생 혹은
  여러가지 기회를 通해서 海外 아느곳이오 적어도 1年정도
  生活해 보시기를 강하게 추천합니다. 入社를 하고나서는
  숲社가 제공하는 기회를 도전해서 밖에서 생활해 보십시오.
  우물안 개구리가 되어서는 않됩니다. 한정된 시각과
  偏狹한 사고에 머물러서는 않됩니다. 이제 지구촌이라는
  말이 現實化된지 오래 됩니다. 한국은 좋은 곳입니다.
  연못에서 자라는 잉어는 그연못의 크기에 적응하면서
  크기를 늘리지 않습니다. 세상이치가 그렇습니다.
  전혀 특진 文化와 言語, 實習에 자신을 던져보세요.
  반드시 넓는것이 있고 여러분들의 人生에 도움이 됩니다.

⑨ 어려운 사람, 부족하는 사람들을 돕고 後輩를 아껴십시오.

- 職場生活을 하는 사람들은 일단 經濟的 측면에서
  나름 여유롭게 출발을 하는 것입니다. 初年生 시절에야
  쉽지 않겠지만 나보다 부족한 사람 여유가 없는 사람들
  을 도울 수 있는 마음을 가지시고 작아도 실천하십시오.
  당장은 아니어도 언젠가는 할수 있다는 생각만을
  가져도 좋습니다. 그것이 꼭 금력일 필요는 없습니다.
  요즘 아프리카 등 저개발국가의 후원은 현근 후원등을 많이
  하고있기에 여기에 동참하는 것도 좋은 方法입니다.
  그리고 여러분들도 언제고 先輩가 됩니다. 그때 나의 후배
  시절을 생각하면서 내가 후배들에게 무엇을 할것인지를
  늘 생각하시고 실천하시기 바랍니다.

◎ 人生은 한번입니다. 자존감있는 멋진 삶이 되십시오.

- 自尊感은 他人의 品格 또는 自己 스스로를 존중하는 마음을 뜻합니다. 오늘 내일 못주가 있어도 좋습니다. 여기에서 그 식수특 통해서 배워나간다면 그로인 成長·發展하는 것입니다. 남과 비교를 통해서 자존감은 생기지 않습니다. 他人의 교인과 교내 恩惠를 통해서 자존감을 形成 되고 길러집니다. 讀書 나 좋은 사람들과의 交流 通해 배우고 익히는 과정이 2~30代 해야할 자존감 키우는 方法 입니다. 40代에 들어 스스로 만족감을 누일수록 2·30代 努力을 해야 합니다. 자존감은 누가 주는것도 아니오 반드시 내가 키우고 길러야 합니다.

- 시초은 한번입니다. 많은 저작자 들이 인용하는 말이 있습니다. memento mori (메멘토 모리, 죽음을 기억하라) 人间의 삶은 有限합니다. 언젠가는 흙으로 돌아가는것이 人生입니다. 한번 이 세상에 오셔서 저 세상으로 돌아가는 죽기前에, 주어진 시간을 어떻게 보낼 것인지를 생각해 보셨는지요? 職場人이 되어 바쁘게 돌아가는 환경에서 적어도 1年에 한번, 年末에 내가 세운 목표에 내가 어찌하고 있는지를 되돌아 보면서 나는 내게 주어진 인제까지 인지는 모르지만 한번 멋있게 살아 보려면 어찌해야 하는지를 깊이 생각해 보시기를 拔勸합니다. 때론 슬퍼질수도 있습니다다만 어쩌겠습니까? 이것이 시초인 것을!

- 職場生活을 通해 멋진 삶을 준비하는 과정으로 생각하면서 5~60 이후를 준비하고 생각는다면 후에 돌려지 않을것 입니다 ─ 終

감사의 글

저는 서울의 지극히 평범했던 육 남매 가정의 막내로 태어났습니다. 1960년대 초반이니 부유함과는 거리가 멀었고, 육 남매가 혹여 길에서 놀다 다칠까 걱정하신 부모님은 아현동시장의 깊숙한 곳에 거처를 마련하셨습니다. 집만 나가면 여러 가게들이 있는 환경이라 늘 새벽녘 분주한 소리와 함께 일어나는 어린 시절을 보냈습니다.

그때의 기억 때문인지 직장 생활을 하면서 스스로 나태함이 몰려오는 듯한 느낌이 들면 남대문시장으로 발걸음을 옮기곤 했습니다. 상인들이 목청껏 외치는 소리를 듣고, 바삐 움직이는 사람 등을 보다가 구석의 오래된 식당에서 갈치조림으로 끼니를 해결하고 나면 에너지가 몸에 차는 듯했지요. 치열하게 살아 움직이는 시장의 모습에서 힘을 얻었다고나 할까요.

가난했음에도 집안 분위기는 좋았습니다. 감사하게도 아버지는 더할 나위 없이 성실한 분이었고 어머니는 사랑이 충만한 분이었습니다. 열한 살 차이 나는 큰형님, 그 아래 형과 누나들은 막내인 저를 귀여워하고 사랑해주었습니다. 자애로운 부모님 덕이었는지 형제들 사이도 좋아서 성장 기간 동안 싸우거나 상처받은 기억이 별로 없습니다. 드라마에서나 볼 법한 작은방에서 사 형제가 옹기종기 모여 생활했고 겨울이면 살얼음이 끼는 방에서 추위를 견뎌야 했지만, 그때 삶의 근간이 되는 것들을 많이 배웠습니다.

새벽녘 모두가 잠들었을 때 불평불만 한 번 없이 일을 나가시던 아버지, 우리 먹을 것이 부족해도 더 힘든 사람을 보면 배불리 먹여야 비로소 당신도 웃으셨던 어머니, 양보하고 배려하는 형제들 안에서 저는 사회에서 필요한 기본 소양을 자연스레 배웠고 그 힘으로 지금까지 노력할 수 있었다고 생각합니다.

성장 과정에 가족들의 도움이 있었다면 사회생활을 시작한 후로는 정말 수많은 선후배의 도움이 있었습니다. 하나하나 기록하면 책 한 권이 너끈히 나올 수 있을 정도로 누군가의 도움 없이는 힘든 시간들이었지요. 특히 전혀 관계없는 분야에서 일을 하다 휴대폰, 스마트폰을 시작하면서부터는 정말 한순간도 혼자 걸은 적이 없었습니다.

2006년 영국 주재를 끝으로 북미 상품기획을 담당했던 시기는 스마트폰이 나오기 전이었습니다. 소프트웨어와 하드웨어에 대한 나름의 지식은 있었지만 디자인 등에는 문외한이었기에 주말이면 협력 업체를 방문해서 공부하는 게 일이었습니다. 처음에는 신기하게 생각하던 사람들이 나중에는 오히려 반겨주었고 이는 경쟁사도 마찬가지였지요. 노키아, 모토로라의 협력 업체 등에서도 보안이 필요한 사항을 제외하고 아낌없이 많은 것을 알려주었습니다.

이는 스마트폰 시대에 들어와서도 이어졌습니다. 구글, 퀄컴, MS, NVIDIA, 브로드컴 등 글로벌 IT 업체는 물론, 국내외 통신 사업자 및 거래선들과 끈끈한 협력 관계를 다지면서 많은 일을 할 수 있었습니다. 직접 개발을 해보지 않은 제가 개발자들과의 대화가 가능한 사람이 되고, 이후 스마트폰을 계속 만들어낼 수 있었던 건 결국 많은 사람들의 도움 덕입니다.

어쩌면 이 도움들이 지금 저로 하여금 지난 일을 되새기며 이 책을 쓰게 한 것일지도 모르겠습니다. 물론 요즘 세대가 듣기에는 시대에 맞지 않거나 낡은 이야기일 수도 있겠다는 걱정은 있습니다. 그럼에도 불구하고 자신의 삶을 성실하게 살아온 선배로서 갈피를 못 잡고 고민하는 누군가에게 담담하고 담백한 고백을 들려주고 싶었습니다. 그리하여 그가 흔들리는 와중에 아주 조금이라도 도움이 될 수 있다면 그것으로 충분하겠다는 마음이었습니다. 저의 오늘이 여러 도움이 쌓여 만들어진 결과이듯 누군가에게 도움의 일부가 되고 싶었지요.

이제 저는 인생의 2막을 준비하려 합니다. 삼성의 후배들은 물론 한국과 외국에서 직장 생활을 하는 젊은이들과 소통하고 싶습니다. 나아가 청년 세대가 더 나은 미래에서 일하고 삶을 꾸릴 수 있도록 공인의 자리에서 노력할 것입니다. 저의 경험들이 그들에게 몇 개의 기준점이라도 줄 수 있으면 하는 바람입니다.

이 글이 나오기까지 주변 사람들의 도움이 있었습니다. 손으로 쓴 거친 문장을 꼼꼼하게 워드로 옮기는 한편 시대에 맞는 문장으로 수정해준 조카 고영리 작가와 질문과 답의 흐름을 큰 묶음과 소제목으로 체계화하고 독자분들이 읽기 쉽게 편집해준 민음사 김혜원 편집부장에게 감사를 전합니다. 마지막으로 이 글은 저의 영원한 보스이자 휴대폰에 보물 1호로 저장되어 있는 아내에게 고마움을 담아 바치고 싶습니다.

일이란 무엇인가

1판 1쇄 펴냄 2023년 7월 11일
1판 13쇄 펴냄 2024년 5월 2일

지은이　　고동진
발행인　　박근섭 · 박상준
펴낸곳　　(주)민음사

출판등록　1966. 5. 19. 제16-490호
주소　　　서울시 강남구 도산대로 1길 62(신사동)
　　　　　강남출판문화센터 5층 (우편번호 06027)
대표전화　02-515-2000 | 팩시밀리 02-515-2007
홈페이지　www.minumsa.com

ISBN 978-89-374-1737-5 03320